Klaus Kaiser

Wildstauden

Auswahl, Standort, Gestaltung

BLV Garten- und Blumenpraxis

CIP-Titelaufnahme der Deutschen Bibliothek

Kaiser, Klaus:
Wildstauden: Auswahl, Standort, Gestaltung / Klaus Kaiser. –
München; Wien; Zürich: BLV, 1989
    (BLV Garten- und Blumenpraxis; 353)
    ISBN 3-405-13678-4
NE: GT

Bildnachweis

Alle Fotos und Grafiken vom Autor außer:
Aulitzky: 17, 107 o
Pretscher: 25 o
Reinhard: 6, 16, 48 l, 93, 105
Seidl: 14, 40 u, 45 r, 50, 56, 59 o, 61 u, 72 l,
79, 80 r, 86, 87 o, 92 l, 107 u, 119
Stangl: 2, 40 o
Stehling: 9 l
Strauß: 65

Umschlagfotos: Reinhard (Vorderseite)
Seidl (Rückseite)

BLV Verlagsgesellschaft mbH
München Wien Zürich
8000 München 40

BLV Garten- und Blumenpraxis 353

© 1989 BLV Verlagsgesellschaft mbH, München

Gesamtherstellung: R. Oldenbourg, München

Printed in Germany · ISBN 3-405-13678-4

Inhalt

Was sind Wildstauden?

Unter Wildstauden darf man sich keine wild umherwuchernden und große Samenmengen verstreuenden Gartenpflanzen vorstellen. Zwar gibt es einige solcher ungebührlichen Staudenkinder, doch für diese kann man ja die Gartenpforte geschlossen halten.

Wildstauden sind vielmehr Pflanzen, die nicht im herkömmlichen Sinn »durch Züchterhände gingen« – ein Stück unverfälschter Natur. Da sie ihren Wildcharakter nicht verloren haben, darf es nicht wundern, wenn einige unter ihnen ihren eigenen Dickkopf zeigen und nur bei Erfüllung ihrer speziellen Ansprüche willig gedeihen. Andere Wildstauden wiederum lassen sich problemlos im Garten ansiedeln.

Mit Wildstauden steht uns im Garten die ganze Fülle aller möglichen Lebensräume und Pflanzengemeinschaften unserer gemäßigten Zonen zur Verfügung. Damit können viele Problembereiche eines Grundstücks, z. B. schattige Ecken, problemlos und ansprechend gestaltet werden, eine geschickte und gekonnte Pflanzenverwendung vorausgesetzt.

Mit Wildstauden werden also alle züchterisch nicht bearbeiteten Stauden bezeichnet; über deren Herkunft sagt diese Definition nichts aus. Wildstauden sind somit nicht nur heimische Arten, wie oft angenommen. Vielmehr kommen sie aus der ganzen Welt. Da sich die sogenannte gemäßigte Zone nicht nur in Europa findet, gibt es gleiche Lebensräume auch in den anderen Kontinenten. Gleiche Lebensräume aber weisen auch annähernd gleiche Einflußfaktoren auf Wachstum und Aussehen der Pflanze auf. Deshalb wirken Pflanzen, die zwar von verschiedenen Kontinenten kommen, dort aber gleiche Lebensräume besiedeln, nicht fremd, wenn wir sie im Garten vergemeinschaften.

»Sortennamen«

Einige Pflanzenarten neigen dazu, von alleine unterschiedliche Typen zu entwickeln. Ein geübtes Gärtnerauge erspäht so etwas auch in der freien Natur. Und so tragen manche Wildstauden zusätzlich einen Sortennamen, z. B. *Deschampsia caespitosa* 'Goldgehänge', obwohl sie nicht züchterisch bearbeitet wurden.

Der botanische Name einer Wildstaude an sich besteht ja bekanntlich nur aus dem Gattungsnamen (z. B. *Deschampsia*) und dem Artnamen *(caespitosa)*.

Immer einen Sortennamen tragen dagegen die Vertreter der Pracht- oder Beetstauden. Bei diesen handelt es sich um von Menschenhand gezüchtete Pflanzen. Sie kommen in der freien Natur so nicht vor. Allerdings gibt es echte Wildstauden wie das Tränende Herz *(Dicentra spectabilis)*, die so prächtig blü-

Einführung

hen, daß man sie den Beetstauden zuordnet. Korrekt bezeichnet heißen dann solche Stauden:»Wildstauden mit Beetstaudencharakter«. Sie passen sowohl in natürliche Pflanzungen wie ins Beet. Im Unterschied zu Wildstauden gedeihen Beetstauden in jedem guten Gartenboden. Sie verlangen jedoch mehr Aufmerksamkeit an Pflege: regelmäßiges Lockern des Bodens und Entfernen unerwünschter Wildkräuter, Zuführen organischer Dünger, Abschneiden von Verblühten, Stäben usw.

Warum Wildstauden pflanzen?

Seit es Staudengärtnereien gibt, werden auch Wildstauden angeboten. Nur sprach bisher niemand davon. Erst in jüngster Zeit, in der das gestiegene Umweltbewußtsein Worte wie »Naturgarten«, »biologisch«, »ökologisch« usw. in den alltäglichen Sprachgebrauch eingeführt hat, taucht öfters das Wort »Wildstaude« auf.
Ja, neuerdings gibt es sogar Wildstaudengärtnereien. Doch zu oft besteht gar kein Unterschied zu »normalen« Staudengärtnereien, denn auch die Wildstaudenbetriebe führen Prachtstauden in ihrem Sortiment. Der Begriff »Wildstaudengärtnerei« ist wohl eher eine Anpassung an die Zeit.
Und weil es eben schon lange Wild-

stauden im Staudensortiment gibt, ist deren Pflanzung nichts Neues. Neu dürfte allerdings die Art der Verwendung sein. Hat man in der ersten Hälfte dieses Jahrhunderts der optischen Gestaltung und Ästhetik meist den Vorzug gegeben, spielt heute die Ökologie der Pflanze an sich die viel wichtigere Rolle.

»Lebensbereiche«
Richard Hansen (Weihenstephan) hat den Begriff des »Lebensbereiches« aufgebracht. Der Lebensbereich umschreibt die Umgebung, in der eine bzw. mehrere Stauden optimal gedeihen. Wichtig dabei sind die Boden- und Lichtverhältnisse, die Feuchtigkeit und einiges mehr. Zusammen mit Hermann Müssel hat Hansen ein Kennziffernsystem – von dem später noch genauer die Rede sein wird – eingeführt, das eine genaue Einordnung von Stauden in einen oder eventuell mehrere Lebensbereiche ermöglicht. Dem Hobbygärtner bleibt somit mancher Standortfehler erspart.
Die Lebensbereiche als Andeutung, also Nachahmung der natürlichen Pflanzengesellschaften in freier »Wildbahn« führen schließlich zu natürlich gestalteten Gärten – die Natur als Vorbild.
Natürliche Gärten entsprechen aber nicht nur dem heutigen Zeitgeschmack. Sie sind in einer Zeit eminenter Naturzerstörung von großer Bedeutung für die bedrängte Flora

Oben: Zweimal Aster: Kalkaster – zusammen mit Schwingel und Sichelhasenohr – als typische Wildstaude

Links:
Rauhblatt-, Glattblatt- und Myrtenaster als typische Beetstauden

und vor allem Fauna als Rückzugsgebiete und neue Lebensräume. Das heißt allerdings nicht, daß der Garten zum Ersatz-Naturschutzgebiet werden soll, in dem der Mensch außer Betrachten nichts mehr tun darf. Ebensowenig bedeutet es, daß im Garten nur noch einheimische Pflanzen verwendet werden sollen. Garten muß weiterhin Garten bleiben – ein vom Menschen geschaffener und betreuter Lebensraum! Doch sollte dieser Lebensraum eben mit der Natur und nicht gegen sie gepflegt werden: statt Mineraldünger und Pestizide Kompost und natürlicher Pflanzenschutz, statt unkrautfreiem Rasen Blumenrasen oder -wiese, statt menschlich bedingter »Überordnung« natürliche Ordnung. Und ein solcher Lebensraum für Mensch, Tier und Pflanze erfährt eine große Bereicherung durch eine geschickte Gestaltung vor allem mit Wildstauden, aber auch Wildgehölzen.

Rund um die Staude

Was sind Stauden?

Da der Begriff »Staude« gar zu oft falsch angewendet wird, ist doch ein bißchen Wissenschaft nötig. Denn »Johannisbeerstauden« und das »Stäudla Salat« sind eben keine Stauden, sondern erstere Gehölze und der Salat gehört zu den Einjährigen.

Also, da gibt es einmal die kurzlebigen Kräuter und zum anderen die Ausdauernden oder Perennierenden. Bei den Kräutern unterscheidet man Einjährige oder Annuelle (Zeichen: ☉), Zweijährige oder Bienne (☺) und Mehrjährige oder Monokarpe. Allen gemeinsam ist, daß sie in ihrem Leben nur einmal blühen und fruchten.

Die Biennen bilden im ersten Jahr nur Blätter; Blüte und Samenreife erfolgt im zweiten Jahr. Typische Vertreter dieser Gruppe: Roter Fingerhut, Königskerze oder Petersilie. Auch mehrjährige Kräuter gibt es. Sie leben mehrere Jahre und vergrößern dabei ihre Blattmasse. Ihr Höhepunkt ist die Blüte, die aber gleichzeitig ihr Ende bedeutet. Die Donnerwurz-Arten leben in diesem Rhythmus.

Pflanzen, die mehrmals blühen und fruchten und die zumindest Teile ihrer selbst (z. B. Wurzeln, Zweiggerüst) mehrere Jahre behalten, bezeichnen wir als Perenne. Dazu gehören die Stauden und Gehölze. Bei den Gehölzen unterscheidet man drei Gruppen: die Halbsträu-cher, die Sträucher und die Bäume.

Als Stauden werden diejenigen Pflanzen bezeichnet, die im Herbst ihre oberirdischen Triebe verlieren und als Zwiebel, Knolle, Rhizom oder einfach als Wurzelstock überwintern. Im Frühjahr treiben die Stauden aus diesen Organen wieder aus. Dieser Rhythmus wiederholt sich jedes Jahr.

Allerdings leben nicht alle Stauden gleich lang. Da gibt es Patriarchen wie die Pfingstrosen, die Verpflanzen leicht übelnehmen, am eingewachsenen Standort aber uralt werden können. Andere wiederum existieren nur wenige Jahre und verschwinden dann, meist reichlich Nachkommenschaft hinterlassend, wie etwa der Ausdauernde Lein, der eben so ausdauernd gar nicht ist. Andere, dazu gehören viele Beetstauden wie Phlox, Rittersporn und Schwertlilie, wollen in gewissen Zeitabständen aufgenommen, geteilt und in frischem Substrat neu eingesetzt werden. Diese Behandlung verlängert ihre Lebenserwartung um einige Jahre.

Die Lebensdauer hängt natürlich auch von Standort und Boden ab. Ein falscher Standort – zu naß, zu trocken, zu schattig, zu sonnig – kann zu einer frühen Verabschiedung selbst von sonst robusten Stauden führen.

Und was den Boden angeht, so behagt dem Perlpfötchen, der Trollblume oder den Astilben ein Sandboden ganz und gar nicht, während sie auf Lehm relativ lange leben. Bei Bergaster, *Linum narbonense* und *Festuca trachyphylla* ist es genau umgekehrt.

Allgemeine Pflegehinweise für Wildstauden

Garten setzt immer Pflege voraus – auch ein natürlicher Garten. Allerdings wird dessen Pflege eine andere sein, als die eines konventionellen Rasen-Koniferen-Gartens. Gärten sind lebendige Gebilde, ihre Bewohner Lebewesen. Nur mit hohem Aufwand ließe sich ein (scheinbarer) Status quo erreichen. Wozu aber einen Status quo schaffen? Warum immer das gleiche Gartenbild vor Augen haben?

Im Haus wechseln wir doch auch ab und zu die Tapete. Also lassen wir der Natur im Garten ihre Freiheit. Dies darf jedoch nicht heißen: einmal angelegt und nie mehr Pflege. Schnell würde aus dem Garten eine Wildnis, oft ästhetisch wenig ansprechend und häufig nicht einmal eine Artenvielfalt bietend.

Vielmehr ist es richtig, zur rechten Zeit und am rechten Ort das rechte Maß an Pflege durchzuführen. Naturhafte Pflanzengemeinschaften, auch aus nichtheimischen Arten, können im Laufe von Jahren zu dichten Staudenteppichen zusammenwachsen, die gleichzeitig immer weniger Arbeit verursachen. Dieses Ziel wird jedoch nur erreicht, wenn

- die Pflanzfläche vor der Bepflanzung gut vorbereitet wird, was vor allem das vollständige Entfernen der ausdauernden »Unkräuter« bedeutet;
- die Auswahl der Arten sorgfältig und fachkundig erfolgt (richtiger Lebensbereich, etwa gleiche Konkurrenzkraft, usw.);
- die Pflanzung in den drei Einwachsjahren intensiv gepflegt wird und später durch gelegentliche Korrekturmaßnahmen in die gewünschte Entwicklungsrichtung gelenkt wird.

»Unkraut« entfernen

Wie bereits gesagt, müssen Staudenflächen frei von Dauerunkräutern wie Giersch, Quecke und Akkerwinde sein. Eine spätere Bekämpfung ist praktisch aussichtslos. Diese »Unkräuter« durchdringen mit ihren Ausläufern jeden Staudenballen und nisten sich dort ein. Ließe man sie wachsen, würden innerhalb weniger Jahre viele Stauden verschwinden oder zumindest einen Großteil ihrer Vitalität einbüßen.

Anders verhält es sich mit den einjährigen »Unkräutern«. Diese Pioniere wollen die offene Wunde des Bodens heilen. Sobald sich die Staudenpflanzung geschlossen hat, fehlt ihnen ihre wichtigste Lebensgrundlage.

Es dauert aber meist zwei oder drei

Rund um die Staude

Jahre, bis die gepflanzten flächendeckenden Stauden ihren Bestand schließen. Bis dahin sollten Sie die kurzlebigen Pionierkräuter entfernen.
Viel Mühe bereitet diese Arbeit, wenn der Gärtner/die Gärtnerin versucht, diese »Unkräuter« bereits im Keimblattstadium, kaum einen Zentimeter groß, zu entfernen. Dabei schadet es überhaupt nicht, die Pioniere größer werden zu lassen. Ja, selbst wenn sie einen geschlossenen Teppich bilden, braucht noch nicht des Gärtners Alarmglocke zu läuten. Solange die gepflanzten Stauden aus dem Unkrautteppich herausschauen können, geht es ihnen oft sogar besser als in einem offenen Boden.
Dieser Unkrautteppich sammelt nämlich die Feuchtigkeit. Der Boden darunter ist feucht und locker und intensiv vom Bodenleben besiedelt. Bevor die Pioniere allerdings ihren Samen verstreuen, müssen sie gejätet werden.

Düngen

Während Beetstaudenpflanzungen regelmäßig gedüngt werden wollen, um vital zu bleiben, kann dies bei bestimmten Wildstaudengemeinschaften sogar schädigend sein. Pflanzen von Magerstandorten mögen nun einmal keinen Nährstoffreichtum. Gehölzunterpflanzungen, die jeden Herbst mit Fallaub eingedeckt werden, benötigen keine zusätzliche Düngung.

Da in natürlichen Pflanzungen die abgestorbenen Pflanzenteile nicht entfernt werden – zumindest die dem Boden aufliegenden – ist der Nährstoffkreislauf meist geschlossen. Manche Pflanzengemeinschaften können aber durch einen guten Kompost ein Zubrot erhalten. Überhaupt gilt, wenn Dünger nötig, dann entweder Kompost oder einen organischen Dünger. Keinen frischen Mist aufbringen! Diesen nur verrottet, am besten über den Kompostweg, zugeben.
Eine weitere Pflegearbeit kann das Entfernen abgeblühter und gleichzeitig unschön aussehender Blütenstengel sein. Diese Arbeit verhindert auch, daß einige, reichlich Samen erzeugende Stauden sich unkrautartig in der Pflanzung ausbreiten. Aber bitte keinen »Sauermann-Putz« im Herbst durchführen! Sie bringen sich um schönste Winterbilder. Der braune Blattschopf, z. B. bei Gräsern, schützt die Pflanzen. Während er sich im Herbst nur mit Mühe mit der Schere abschneiden läßt, genügen im Frühjahr oft schon zwei Finger.

Einige Gedanken zur Vermehrung

Stauden werden zumeist geteilt oder ausgesät. Einige lassen sich auch durch Stecklinge vermehren. Die Arten mit kriechendem Wurzelstock, die einen breiten Horst bilden, lassen sich meist problemlos teilen. Stauden werden im Herbst oder Frühjahr geteilt. Der rübenförmige Wurzelstock etwa von Akelei, Schleierkraut, Tränendem Herz oder Disteln kann nicht geteilt werden. Da hilft nur eine der anderen Vermehrungsmethoden. Fast alle Wildstauden setzen Samen an. Doch nicht immer kommen echte Nachkommen heraus. Manche Gattungen wie Nelken, Akelei oder Primeln kreuzen sich sehr leicht untereinander, wenn mehrere Arten eng zusammenstehen. Auch nicht durchgezüchtete Sorten (der Beetstauden) fallen nicht echt.

Bei der Aussaat will bedacht sein, daß einige Arten eine Kälteeinwirkung benötigen, damit die im Samen eingebaute Keimsperre überwunden wird. Die meisten Hahnenfußgewächse, Enziane, einige Nelkenarten, viele Zierlaucharten und andere verlangen diese Prozedur. Andere wiederum keimen nur bei entsprechender Wärme: Steinkraut, Akelei, Glockenblumen, Chrysanthemen u. a.

Wie die Temperatur, so beeinflußt das Licht das Keimverhalten. Es gibt Dunkel- und Lichtkeimer und Arten, auf die das Licht keinen Einfluß hat.

Viele Samen keimen noch nach Jahren. Man denke nur an die noch keimfähigen Getreidekörner aus ägyptischen Pharaonengräbern. – Federgras, Adonisröschen und Christrose hingegen müssen gleich nach der Ernte gesät werden, weil sie sehr schnell ihre Keimfähigkeit verlieren.

Einige Arten keimen wenige Tage nach der Aussaat, andere wiederum, etwa die Pfingstrosen, liegen oft einige Jahre über im Boden. Beispielsweise gibt es Lilienarten, die erst im zweiten Jahr ihre Keimblätter zeigen, aber trotzdem bereits im Vorjahr keimten, nämlich mit den Wurzeln.

Dieser kurze Anriß zum Thema Aussaat mag aufzeigen, wie vielfältig die »Samenansprüche« sind. Wer sich näher mit der Aussaat beschäftigen will, dem sei auf die entsprechende Fachliteratur über Vermehrung verwiesen. Dort läßt sich auch Genaueres über die Stecklingsvermehrung oder noch andere Methoden nachlesen. Dies Kapitel will lediglich verdeutlichen, daß sich Wildstauden selber heranziehen lassen, daß dazu aber einige Gedanken nötig sind.

Wo bekommt man die Stauden?

Wer Stauden nicht selber heranziehen will oder kann, der wird sie kaufen. Da aber inzwischen nicht nur Fachbetriebe Stauden anbieten, bedarf es noch einiger Worte hierzu. Staudengärtnereien werden nicht als Einmann-Unternehmen geführt. Durch je mehr Hände aber die Stauden laufen, desto größer ist die Ge-

Rund um die Staude

Wildstaudenbeet mit ausgewogener Pflanzenzusammenstellung.

fahr, daß sich Fehler einschleichen z. B. durch Vertauschen von Namensetiketten. Es kommt daher selbst im besten Qualitätsbetrieb vor, daß der Kunde eine falsche Sorte oder Art oder noch ganz etwas anderes bekommt. Gleiches gilt auch für Baumschulen. Nichts desto trotz ist eine Staudengärtnerei die beste Einkaufsquelle. Denn fachliche Beratung und ein umfangreiches Sortiment bieten eben nur diese an.

Meiden sollte der Kunde vorgetriebene, falsch gelagerte, weiche Staudengestalten. Geben sie sich nicht mit einer rosa Astilbe, einer gelben Schwertlilie und einem mittelblauen Rittersporn zufrieden! Zu oft verbergen sich hinter solchen pauschalen Farbbezeichnungen minderwertige und nicht geprüfte Sorten. Warum auf die hervorragenden Sorten verzichten, wenn sie in guten Staudengärtnereien feilgeboten werden!?

Grundsätzliches über Gartengestaltung

Die Einflußgrößen eines Gartens sind ausgesprochen vielfältig. Gärten unterscheiden sich durch ihre Größe, ihre Lage (Klima, Exposition usw.), ihre Umgebung und durch die Ansprüche ihrer Bewohner. Alle diese Größen verlangen Berücksichtigung. Fertige Pauschalkonzepte können daher kaum zu befriedigenden Ergebnissen führen. Trotzdem gibt es einige grundsätzliche Punkte, die jeder Planung zugrunde gelegt werden sollten:

1. Eingriffe in gewachsene Strukturen so gering wie möglich halten.
Soll ein Stück Natur zu einem Garten werden, dann sollte so wenig wie möglich verändert und die Bauweisen so einfach und naturfreundlich wie möglich sein. Warum zum Beispiel eine aufwendige Bodenverbesserung vornehmen? Für den Gemüsegarten mag dies wünschenswert sein; für den Ziergarten hingegen ist sie völlig unnötig, wenn durch Baumaßnahmen Bodenstruktur und -schichtung nicht negativ verändert wurden.
In unseren Breiten gibt es, aufgrund der hohen Niederschläge, keine Wüsten, sprich keinen unbewachsenen Boden. Jedes Fleckchen Erde grünt und blüht – trockene wie nasse, tonige wie sandige Standorte. Es bedarf also weder des Torfes noch anderer Bodenhilfsstoffe

um Pflanzen im Garten üppig gedeihen zu lassen. Die oberste Devise muß nur lauten:

Standortgerecht pflanzen!
Auf einen Kalk-Lehm-Boden gehören eben keine Moorbeetpflanzen. Standortfremde Pflanzen brauchen nicht nur eine anfängliche Bodenveränderung; vielmehr muß der Boden für sie ständig verbessert werden. Außerdem sind sie an dem für sie falschen Standort oft empfindlicher gegen Krankheiten und Schädlingsbefall sowie gegen Witterungsunbilden.
Angesichts der Fülle an möglichen Gartenpflanzen sollte es für jeden ein Leichtes sein, standortgerechte Gewächse für seinen Geschmack zu finden.
Auch für die Einbauten heißt es, genau zu überlegen, ob die gewählte Bauweise wirklich notwendig und sinnvoll ist oder ob es nicht einfachere und naturfreundlichere gibt. Muß es wirklich immer eine massive Betonmauer mit entsprechendem Fundament sein, oder wäre eine Trockenmauer, die sich zudem noch bepflanzen ließe, nicht genauso funktionsfähig?
Den Eingriff in gewachsene Strukturen so gering wie möglich zu halten, verlangt also vom Planer ein Gefühl für das noch Machbare und Sinnvolle zu entwickeln, Zwiesprache zu halten mit den Kräften, die die Landschaft hervorbringen, mit den Pflanzen und dem Raum.

Gestaltung

Eine richtig gebaute Trokkenmauer kann dauerhaft eine Böschung sichern, außerdem läßt sie sich gut bepflanzen.

2. Die Beziehung eines Gartens zu seiner Umgebung herstellen.
Jeder Garten sollte sich harmonisch in seine Umgebung einfügen. Dies gilt vor allem für Ortsrandgärten mit direktem Kontakt zur freien Natur. Nicht immer grenzen positive Beispiele an das Planungsobjekt – eine ausgeräumte Agrarsteppe wäre natürlich genausowenig ein Planungsideal wie Nachbars steriler »Rasen-Koniferen-Garten«. Hier heißt es, unter Bewußtmachung des Negativen eine gestalterische Lösung zu schaffen, die dem Negativen seine Wirkung nimmt.

3. Die Beziehung eines Gartens zu seinen Bauten, vorhandenen Pflanzungen und anderem innerhalb seiner Grenzen herstellen.
Wie ein Garten mit seiner Umgebung harmonieren soll, so soll er selbst als harmonisches Ganzes wirken. Bauliches wie Pflanzungen, egal, ob erst geplant oder bereits existierend, müssen zueinander in Beziehung stehen. Sie dürfen sich nicht gegenseitig ihrer Wirkung berauben oder als Fremdkörper empfunden werden.
Gebäude und Garten wollen eine Einheit sein!
Der Baustil und die Bedeutung der Gebäude sollen sich im Gartenstil widerspiegeln. Ein rustikaler Bauerngarten zu einer herrschaftlichen Villa wäre sicherlich genauso unangemessen wie ein Barockgarten zu einem modernen Zweckbau.

4. Einen Garten auf die Bedürfnisse und Ansprüche seiner Bewohner abstimmen.
Ein Garten für ein älteres, vornehmlich Erholung suchendes Ehepaar

Gestaltung

Harmonischer Übergang
vom »gebauten« Garten zur
gewachsenen Natur.

wird anders aussehen als ein vom Kinderspiel geprägter Garten. Das ältere Ehepaar mag aus Freude und der Arbeitserleichterung wegen eine Blumenwiese bevorzugen, für die Kinderspiele aber eignet sich die Wiese wenig, da diese häufiges Betreten nicht verträgt.

Die Erwachsenen würden vielleicht gerne Seidelbast pflanzen, wegen seiner frühen, duftenden Blüten; wo aber kleine Kinder sich aufhalten, sollte aufgrund der Giftigkeit lieber auf diese Pflanze verzichtet werden. Die beiden Beispiele mögen verdeutlichen, wie vielfältig die Überlegungen sein müssen.

Gerade für Kinder ist ein Garten, oder besser die Begegnung mit der Natur, von immenser Bedeutung. Ihr späteres Verhalten im Umgang mit der Natur wird dadurch entscheidend geprägt. Die Planung eines Gartens, in dem sich Kinder entwikkeln sollen, muß besonders sorgfältig durchdacht werden. Auf keinen Fall darf ein »statisches Gebilde Garten« entstehen; vielmehr muß der Garten mitwachsen.

Doch auch für viele Erwachsene bedeutet der Garten mehr als nur ein Rest des Grundstücks, auf dem das Haus steht. Für die Planung heißt dies, genau festzustellen, welche Wünsche die Bewohner haben. Nicht alle diese Vorstellungen mögen sich in einem Garten umsetzen lassen; die möglichen Vorstellungen aber wollen in einen verbindenden Rahmen gesetzt werden.

5. Vielfältige Pflanzungen mit vielen Laubgehölzen und Stauden in natürlicher Gemeinschaft

Das Pflanzenkleid eines Gartens hat große Bedeutung für seine Aus-

Gestaltung

Auch mit nicht heimischen Pflanzen lassen sich völlig natürlich wirkende Vegetationsbilder schaffen.

strahlung und Wirkung auf den Betrachter. Pflanzen können einen Garten einen eigenen Charakter geben. Ihre Auswahl verlangt deshalb viel Fingerspitzengefühl. Sie setzt aber auch ein fundiertes Wissen um die Pflanze und ihre Ansprüche voraus. Bei den Gehölzen und erst recht bei den bislang noch wenig verwendeten Stauden gibt es viel mehr gartenwürdige Arten, als derzeit angeboten werden. Andererseits könnte man auf so manche, vielgepflanzte Art/Sorte gut verzichten.

Trotz der Kleinheit heutiger Gärten, bleibt fast immer Platz einen schönen Baum zu pflanzen, und sei es nur ein Kleinbaum.

Artenreiche Laubgehölzhecken mit mehr oder weniger hohem Anteil heimischer Arten und wechselnder Heckenbreite umschließen im Ideal-fall den Garten schützend und bieten zahlreichen Lebewesen einen Lebensraum. Die sommergrünen Laubgehölze sollten zwar immer in der Überzahl vorhanden sein, doch dürfen immergrüne Laub- und Nadelhölzer nicht ganz aus dem Garten verbannt werden. Der grüne Farbfleck inmitten weißer (oder grauer) Winterlandschaft erfreut unser Auge und mag Erinnerungen wecken an heitere Sommertage. Buntnadelige und buntlaubige sowie Sonderwuchsformen können in einem naturnahen Garten leicht entbehrt werden.

Gehölze stellen das Gerüst eines Gartens; die Fläche jedoch, die gehört den Stauden. Richtig eingesetzt verwandeln sie jedes Garteneck – selbst Extrembereiche – in üppiges Grün oder in ein Blütenmeer.

Harmonisch aufeinander abgestimmte Blütenfarben, unterschiedlich hohe Pflanzen, Spannung erzeugende Kombination verschiedener Formen – alles Merkmale einer gut gestalteten Staudenpflanzung.

6. Die Pflanzen einer Fläche harmonisch in Farbe, Form, Höhe, Blütezeit und Anzahl aufeinander abstimmen.

Ein wildes Durcheinander von Farben schafft Unruhe. Nicht jede Farbe verträgt sich mit einer anderen. Es ist deshalb wichtig, Pflanzenbenachbarungen sorgfältig hinsichtlich ihrer Farbverträglichkeit aufeinander abzustimmen. Manche Farbkombinationen wirken so stark, daß wir sie uns gar nicht mehr getrennt vorstellen können. Wie Karl Foerster schon schrieb: »Es ist wichtig, daß das Auge sich nicht mühsam die Schönheiten zusammenbetteln muß, sondern das es von den Anblicken gesättigt wird.« Die Hauptvoraussetzungen für wirksame Vergemeinschaftungen der Farben, Formen und Charaktere sind:

Genaue Kenntnisse der Blütezeiten, der Farbzusammenklänge und der Stimmungseinheiten, wie sie aus den Natur- oder Kulturcharakteren der Pflanzen hervorgehen und dem Charakter des gewählten Gartenplatzes entsprechen.

Es wäre falsch vom gleichen Gartenplatz zu langewährende Blütenwirkungen zu erwarten. Vielmehr sollten mehrere Blütezeitgruppen entstehen. Phasen üppigen Blühens sollten wechseln mit Phasen, in denen Grün dominiert.

Klassische Staudenrabatten mit einer Mauer oder Hecke als Hintergrund weisen als typischen Aufbau eine nach hinten zunehmende Wuchshöhe der Stauden auf.

Für Wildstaudenpflanzungen taugt dieses Schema nur bedingt, denn es wirkt nicht natürlich genug. Vielmehr wechselt die Höhe wie die

Gestaltung

Notenverteilung eines guten Musikstückes. Ein ständiges aber unregelmäßig wechselndes und scheinbar zufälliges Auf und Ab erweckt erst den Eindruck der Natürlichkeit. Die Unregelmäßigkeit und (scheinbare) Zufälligkeit als das Grundprinzip natürlicher Pflanzungen findet daher auch bei der Verteilung der einzelnen Arten ihre Anwendung. Genaueres im nächsten Kapitel.

7. Die Pflanzen soweit wie möglich einheimisch, auf jeden Fall aber standortgerecht.
Angesichts unserer ausgeräumten und verarmten Fluren kommt den Gärten eine wichtige Aufgabe als Lebensraum für die heimische Tier- und Pflanzenwelt zu. Das soll aber nicht heißen, daß der Garten zum Naturschutzgebiet wird und die Bewohner Betretungs- und Pflegeverbot bekommen.
Vielmehr sollen einheimische Pflanzenarten das Grundgewebe des Pflanzenkleides eines Gartens bilden, das durch Hinzufügen von nichtheimischen Arten eine ganz neue Ausdruckskraft erhält. Wie hoch der Anteil an heimischen Arten sein mag, hängt von den Wünschen der Bewohner und der Lage des Gartens ab. Sicherlich läßt sich ein Garten nur mit einheimischen Gewächsen bepflanzen. Andererseits spricht nichts dagegen, z. B. einen städtischen Innenhof einmal nur mit tropisch anmutender Üppigkeit ausschließlich fremder Arten zu beleben. Wir müssen uns jedoch im klaren sein, daß nichtheimische Pflanzenarten für die heimischen Tierarten nur begrenzt nutzbar sind. Denn viele Tiere brauchen ganz bestimmte Pflanzen zum Überleben. Nistmöglichkeiten und Verstecke können die »Fremden« zwar auch bieten, Nahrung aber liefern sie nur eingeschränkt. So kann es ohne Weißen Mauerpfeffer keinen Apollofalter geben, denn deren Raupen ernähren sich ausschließlich vom Mauerpfeffer.
Zwar gibt es unter der Tierwelt eines Gartens auch Arten, die wir lieber aussperren würden – Mäuse und Schnecken beispielsweise – im allgemeinen aber bereichern die Tiere einen Garten und erhöhen wesentlich seinen Erlebniswert, gerade für Kinder.
Egal ob heimisch oder nicht, wenn die Pflanzen einen falschen Platz bekommen, werden sie anfällig für Schädlinge und Krankheiten. Sie bieten dann einen wenig ansprechenden Anblick. Eine standortgerechte Pflanzung beugt dem vor. Diese Aufgabe richtig zu lösen hilft das »Weihenstephaner Kennziffernsystem«. Doch dazu mehr im nächsten Kapitel.

8. Licht und Schatten, Wärme und Kühle sowie Klang und Duft bei der Planung berücksichtigen.
Der Leser mag sich wundern, Licht, Schatten, Wärme, Kühle und Klang als extra »Gestaltungselemente«

aufgeführt zu finden. Diese sind doch sowieso vorhanden. Letzteres ist natürlich richtig. Doch lassen sich die genannten Sinnesreize auch bewußt einsetzten. Ja, ich möchte behaupten, daß dort wo diese Elemente gekonnt angewandt werden, ein Garten zum Kunstwerk, zum Meisterstück erhoben wird. So hochgestochen dies klingen mag, ganz so schwer ist es gar nicht durch entsprechende Gestaltung alle Sinne anzusprechen. Der Planer muß nur viel Einfühlungsvermögen und Feinsinn entwickeln können.

Um den Reiz von Licht und Schatten, Wärme und Kühle, Klang und Duft spüren und erleben zu können, bedarf es der Bewußtmachung dieser Sinnesreize.

Zauberhaftes Gräserfiligran im Gegenlicht.

Sie werden dann erkennen, daß jede Jahreszeit, jeder Monat, ja jede Stunde ihr eigenes Licht hat. Und jede Lichtstunde krönt eine andere Farbe. So gehören dem Sonnenuntergang die nachtblauen und amethystfarbenen Töne, die dann seltsam zu leuchten beginnen, wohingegen die urblauen Töne bereits schlafen. Sie aber messen am Tage die Grade des Schönwetters wie keine andere Farbe.

Ein sonnenbeleuchteter Garten wirkt anders als ein vom grauen Wettergewölk umspannter. Das Licht-Schatten-Mosaik, das die Sonne durch das lichte Baumgezweig am Boden erschafft, verdient genauso Beachtung wie die Be-

leuchtungsspiele der tiefstehenden Abendsonne, die ständig andere Pflanzen und Gartenelemente in ihren Lichtkegel taucht wie ein Bühnenscheinwerfer die Schauspieler. Pflanzen im Gegenlicht zeigen plötzlich ganz andere Reize ihrer selbst. Die feine Aderung eines Blattes oder einer Blüte erscheint wie die Filigranarbeit eines Goldschmiedes.

Um diese Lichteffekte wahrnehmbar zu machen, müssen wir uns den Sonnenlauf und den damit verbundenen Schattenwurf eines Tages wie auch des Jahres vor Augen führen. Pflanzen und Gegenstände

Gestaltung

Christrosenblätter im Gegenlicht.

können dann so gesetzt werden, daß das Licht damit spielt.

Sonne ist Wärme. Sonne direkt zu spüren, erzeugt ein Gefühl wohliger Wärme. Wird die Strahlung aber zu intensiv, so suchen viele Menschen den Schatten, die Kühle. Beim Durchschreiten eines Gartens im Wechsel kühle schattige und warme sonnige Partien wahrzunehmen, belebt die Sinne.

Klangerlebnisse entstehen nicht nur im eigenen Garten. Vielmehr ist der Garten in eine allgemeine Klanglandschaft eingebettet. Und wenn von außerhalb nicht ein undifferenzierbar hoher Geräuschpegel den Garten überflutet, werden die einzelnen Töne eines Gartens in ihrer Verschiedenheit wahrnehmbar.

Als Tonerzeuger betätigen sich natürlich Lebewesen sowie die Elemente Wind und Wasser.

Die Zwiesprache des Windes mit den verschiedenen Pflanzenarten ist genauso unterschiedlich wie »Laute« von fallendem Regen auf verschiedene Strukturen. Das Rauschen und Plätschern eines fließenden Gewässers oder eines Springbrunnens verursachen wieder ganz andere Klangbilder.

Die Tierwelt schließlich stimmt ein außerordentlich vielfältiges Konzert an: quakende Frösche am Gartenteich, singende Vögel im Geäst, zirpende Grillen.

Der Duft hingegen läßt sich viel leichter wahrnehmen. Trotzdem kamen so typische Duftpflanzen wie Goldlack, Duftveilchen, Gartenhyazinthe, Madonnenlilie, Reseda und Duftwicken etwas außer Mode. Und der edlen Königin Rose haben die Züchter häufig den Duft weggezüchtet. Bei den sogenannten »Alten Rosen« gab und gibt es fast keine Sorte, die nicht der Menschen Nasen mit ihrem Wohlgerüchen umschmeicheln.

»Schade um die vielen Düfte, die ungerochen bleiben! Das Musikinstrument ›Nase‹ bleibt erstaunlich unbenutzt – ein zugeklappter Bechsteinflügel«, so formulierte es Karl Foerster bereits 1937. Die Entwicklung duftloser Garten begann also schon vor längerer Zeit. Sie ist letztlich ein Ergebnis der »sauberen und ordentlichen Rasen-Koniferen-Gärten«.

Holen wir den Duft zurück, indem wir uns bewußt für duftende Blumen entscheiden. Die Alten Rosen werden glücklicherweise heute wieder angeboten. Und da sie meist noch robuster und härter sind als viele moderne Züchtungen, besteht ein weiterer Grund mit ihnen Freundschaft zu schließen. Aber auch andere Duftpflanzen lassen sich finden.

9. Die Proportionen aufeinander abstimmen

Die Punkte 9 und 10 könnte man als übergeordnet über die vorigen bezeichnen.

Denn wenn es um die Proportionen geht, muß man den Garten in seiner Gesamtheit betrachten. Nur dann läßt sich beurteilen, ob die Proportionen im richtigen Verhältnis zueinander stehen.

Ohne diese Ausgewogenheit kommen noch so feinsinnig erdachte Gestaltungsideen nicht zur Wirkung. Der Garten insgesamt verliert seine Ausstrahlung; es können sogar negative Empfindungen wie Bedrohlichkeit und Verlorensein aufkommen.

Hybridpappeln neben einem Bungalow auf einem kleinen Grundstück ergeben sicherlicher kein gutes Größenverhältnis.

Ein hervorragendes Hilfsmittel zur Vermeidung von Proportionsfehlern ist der »Goldene Schnitt«. Dessen Anwendung sei auch den Architekten empfohlen, denn ein schlecht proportioniertes Haus hat zweifelsohne seine negative Wirkung auf den Gartenraum.

10. Die Grundsätze der Gestaltungsklarheit und der Einfachheit gelten lassen.

Für die Gesamtplanung eines Gartens gilt weiterhin, sich nicht in verschiedenen Stilrichtungen zu verlieren und dem Garten zuviele Themen aufzuerlegen. Für ein klares, harmonisches Konzept ist es wichtig, dem Garten eine deutlich sichtbare Aussage zu geben. Die Chinesen unterstreichen diese Aussage eines Gartens noch durch Worte; sie geben einem Garten einen Namen und bringen diesen über dem Eingang an.

Doch auch ohne Worte führt eine beabsichtigte Aussage zur Abgrenzung bestimmter Gestaltungselemente und Pflanzen, wie diese Aussage wiederum andere Gestaltungselemente und Pflanzen geradezu fordert.

Ein weiterer wichtiger Grundsatz in diesem Zusammenhang ist die Einfachheit. Vereinfachung im Garten ist Veredlung.

Für die Gesamtheit aller Planungen gilt es, die ganze Fülle der möglichen Elemente und Ideen und das ganze Sortiment gartenwürdiger Pflanzen in Erwägung zu ziehen. Eine konkrete Planung aber, mit ihren individuellen Grundbedingungen und den Wünschen seiner Bewohner, führt zur notwendigen Selektion zwischen sinnvoll anwendbarer und ungeeigneter Elemente und Pflanzen.

Hier sollte nun der Satz »Weniger ist

Gestaltung

mehr« Berücksichtigung finden. Es ist sicherlich besser, statt wenigen Individuen einer Pflanzenart und vielen Arten, eher große Stückzahlen weniger Arten zu verwenden. Diese »positive Schlichtheit« läßt meist auch die Aussage eines Gartens klarer hervortreten.

Gestalten mit Wildstauden

Wie im Punkt 6 des letzten Kapitels bereits angeklungen, soll die gestalterische Verwendung von Wildstauden noch einmal ausführlich erörtert werden.

Da wäre zunächst einmal die Frage nach den Lebensbereichen – was sagen sie aus und wie helfen sie dem Gärtner?

Nun, in der Natur herrscht eine strenge Ordnung. Da ist genau geregelt, wer wo und mit wem zusammen wachsen darf. Die Eigenheiten eines Standortes, dessen Klima und schließlich die Pflanzennachbarn selber führen zu einer bestimmten Vegetationsdecke. Die Pflanzensoziologen sprechen von den »Pflanzengesellschaften«.

Also, ganz bestimmte Einflußfaktoren bedingen an einem Standort eine ganz bestimmte Pflanzengesellschaft. Ändert sich ein Faktor oder ändern sich mehrere Faktoren, so ändert sich auch die Pflanzengesellschaft. Zu diesen Einflußgrößen gehört auch der Mensch. Rodet er beispielsweise den Naturwald, sät

eine Wiese an und mäht sie regelmäßig, so wurde aus der ursprünglichen Waldgesellschaft eine neue, anthropogene Wiesengesellschaft. Hört der menschliche Einfluß völlig auf, so entwickelt sich über verschiedene Zwischengesellschaften die Waldgesellschaft zurück.

Die Wildstauden kommen aus diesen Pflanzengesellschaften. Das heißt also, sie sind ganz bestimmten Lebensbereichen zugeordnet. Im Garten gibt es zwar keine Pflanzengesellschaft im pflanzensoziologischen Sinne, aber es gibt ähnliche Vegetationsräume mit dazugehörigem Standort und Klima.

Zwei Beispiele: Eine Gartenhecke ist ein Gemisch verschiedener, oft nicht einmal einheimischer Arten. Trotzdem gilt das Prinzip »Hecke«. An eine Hecke wiederum grenzen auf beiden Seiten Saumgesellschaften aus Stauden an. Auch hier gilt das gleiche: selbst wenn Saumarten (= Gehölzrandarten) aus verschiedenen Gesellschaften von unterschiedlicher Herkunft vergemeinschaftet werden, so bleibt das Prinzip »Saum« (= Gehölzrand) trotzdem gültig.

Das Wissen um die Zugehörigkeit von Pflanzen zu bestimmten Lebensbereichen hat Hermann Müssel und Richard Hansen in Freising-Weihenstephan veranlaßt, ein Kennziffernsystem zu entwickeln, das auf der einen Seite eine Fülle von Informationen auf vier Zahlen zusammendrängt und andererseits dem

Staudenverwender ein sicheres Hilfsmittel für die richtige Standortwahl gibt.

Viele Staudenbetriebe übernahmen dieses System – teilweise etwas modifiziert – in ihrem Katalog. Für (Hobby-)Gärtner bedeutet dies eine große Hilfe, denn Fehler des falschen Standortes sollten fortan ausgeschlossen sein – vorausgesetzt, der Standort wurde richtig erkannt.

Auch in diesem Buch mag die Tabelle dazu dienen, die vorgestellten Wildstauden richtig zu verwenden. Jede Art ihrem Lebensbereich zuzuordnen ist wichtig, um vitale und gesunde Pflanzen zu bekommen. Eine positive gestalterische und ästhetisch überzeugende Wirkung ergibt sich dadurch allein aber keineswegs.

Also gilt es, die durch die Lebensbereiche gefundene Auswahl an möglichen Stauden durch das Anlegen von Gestaltungskriterien weiter – im positiven Sinne – einzugrenzen.

Die gewünschten Formen, Blütenfarben und Blütezeiten der Pflanzen sowie der beabsichtigte Höhenaufbau der Pflanzung führen schließlich zu der Liste der Pflanzen, die im Garten ihr neues Zuhause finden sollen.

Doch wieviel von welcher Art nehmen? Eine weitere wichtige Frage, denn wie die Arten eine Vorliebe für bestimmte Pflanzengesellschaften haben, so haben sie ihre eigenen

Das Prinzip »Hecke« am Beispiel einer Feldhecke.

Das Prinzip »Saum« am Beispiel einer gepflanzten Saumgemeinschaft.

Vorstellungen in welcher Geselligkeit sie gepflanzt werden wollen. Da gibt es ausgesprochene Einzelgänger, die in einer Pflanzengesellschaft nur ganz vereinzelt und in größeren Abständen voneinander wachsen. Andere wiederum fühlen sich nur in einem Gewimmel ihres-

Gestaltung

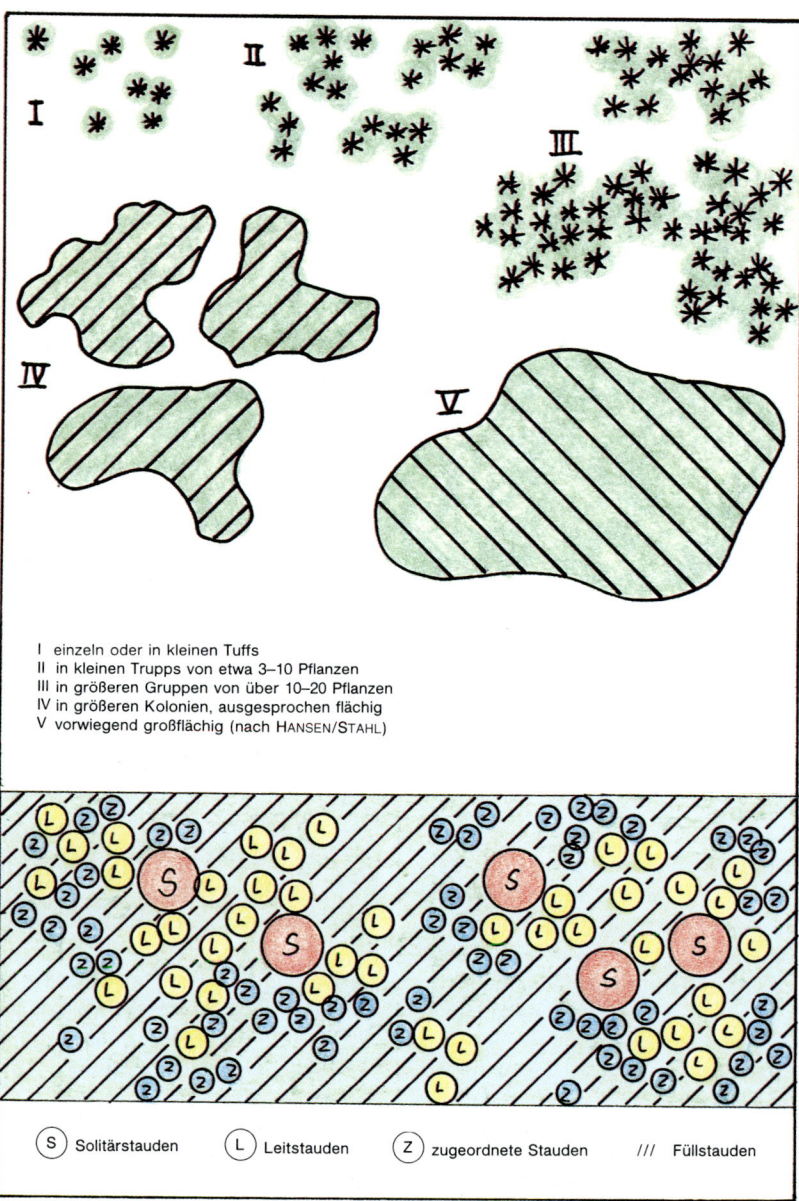

I einzeln oder in kleinen Tuffs
II in kleinen Trupps von etwa 3–10 Pflanzen
III in größeren Gruppen von über 10–20 Pflanzen
IV in größeren Kolonien, ausgesprochen flächig
V vorwiegend großflächig (nach HANSEN/STAHL)

(S) Solitärstauden   (L) Leitstauden   (Z) zugeordnete Stauden   /// Füllstauden

gleichen wohl; man denke nur an die Blumenzwiebelteppiche. Die Stauden in der arteigenen Geselligkeit zu verwenden bringt also nicht nur »zufriedene« Pflanzen, sondern überzeugt auch gestalterisch, gleichwie es eine Arbeitserleichterung bedeutet. Denn werden beispielsweise Arten zur Flächendeckung herangezogen, die von Natur aus niemals Flächenbestände ausbilden, dann kann dies zur frühzeitigen Vergreißung, zu einem Absterben des Zentrums der Pflanzen oder zu einer verstärkten Verkrautung mit unerwünschten Wildkräutern führen.

Wie aber nun die Einzelgänger, Tuffs und Gruppen einer Art auf der Pflanzfläche verteilen? Wie gesagt, die Grundprinzipien natürlicher Pflanzungen sind Unregelmäßigkeit und (scheinbare) Zufälligkeit.

Die Abstände der Individuen einer Art dürfen nicht zu groß sein, wenn eine Gruppenwirkung empfunden werden soll. Andererseits dürfen die Pflanzen nicht so dicht zueinander gepflanzt werden, daß sie ausgewachsen nicht mehr als Einzelpflanzen einer Gruppe erkannt werden können, sondern nurmehr als unförmiger Riesenfladen wirken. Kein Abstand zwischen den Individuen einer Art/Sorte aber auch zwischen den Gruppen einer Art/Sorte darf gleich sein!

Die Geselligkeiten korrespondieren sehr häufig mit der Auffälligkeit, der Wirkung einer Art/Sorte. Ein Teppich goldgelb blühender Ungarwurz sticht zur Blütezeit zwar ins Auge, ansonsten bilden die Pflanzen »nur« einen wenig auffallenden grünen Teppich. – Eine Einzelpflanze des Schaublatts *(Rodgersia)* aber wirkt bereits im rötlichen Austrieb imposant, die Blattgestalt lenkt auch ohne Blüten die Blicke auf sich. Die Blüten bilden den Höhepunkt; doch auch danach sieht die Pflanze noch ansprechend aus. Stauden wie das Schaublatt bestimmen als Solitär- und Leitstauden maßgeblich den Charakter einer Pflanzung.

Während die Gehölze das Gesamtgerüst eines Gartens bilden, geben die Leitstauden einer Pflanzung ein weiteres, man kann sagen, ein inneres Gerüst. Leitstauden sind ganz markante Staudengestalten mit auffallenden Blütenfarben und großem Blütenreichtum. Sie markieren deutlich die Blühhöhepunkte einer Staudenpflanzung. Das »Leitstaudenprinzip« gilt für Wildstaudenpflanzungen genauso wie für die Beetstauden-Rabatte.

Wichtig ist die rhythmische Wiederholung der Leitstauden, wobei allerdings die rhythmische Wiederholung nicht zum Schema werden darf, d. h. weder **gleiche Abstände,** noch **gleiche Stückzahlen,** noch **gleiche Farben.**

Neben den Leitstauden heißt es noch zu unterscheiden zwischen Solitärstauden, zugeordneten Stauden und Füllstauden (nach Hansen/Stahl).

Bedeutung der Symbole und Ziffern

Liste empfehlenswerter Wildstauden

Um den Rahmen dieses Buches nicht zu sprengen, war es nötig, eine Auswahl zu treffen. Die Liste hätte gut doppelt so umfangreich werden können. Ebenfalls aus Platzgründen fiel die Beschreibung der Arten recht knapp aus. Ständig wiederkehrende Worte wurden abgekürzt bzw. durch Symbole oder, wie mehrfach angesprochen, durch Kennziffern ersetzt.

Erläuterung der Zeichen und Abkürzungen

Lichtansprüche

○○ **Vollsonnig:** Sonne vom frühen Morgen bis zum späten Abend oder auch durch Reflektion vor heller Wand. Besonders hell und warm.

○ **Sonnig:** Zwischen Morgen und Abend überwiegend Sonne, immer aber in den wärmsten Stunden.

☼ **Absonnig:** Zwischen Morgen und Abend überwiegend Sonne, jedoch während der heißesten Stunden immer im hellen oder lichten Schatten von Gebäuden oder Bäumen oder auf 30° nördlich geneigten Hängen.

◑ **Halbschattig:** Alle die Standorte, die der Belichtung eines westlichen oder östlichen Gehölzrandes oder Gebäudes entsprechen, sowie Orte des lichten Gehölzschattens, in der meisten Tageszeit, vor allem mittags, beschattet.

● **Schattig:** Voller Schatten unter Bäumen.

Temperatur

Wärmeliebend: Tiefe Wintertemperaturen nicht ertragend. Vorwiegend für klimatisch begünstigte Standorte oder für Weinbaugebiete.

Kühleliebend: In warmen Klimaten höchstens im Schatten gedeihend, sonst absonnig bis schattig, ohne starke, tägliche Temperaturschwankungen.

Klimamild: Für Gebiete mit ausgeglichenem, luftfeuchten Klima ohne strenge Winter, z. B. im Einflußbereich des atlantischen Klimas.

Nach HANSEN/STAHL

28

Bedeutung der Symbole und Ziffern

Frostempfindlich: Entweder keine tiefen Wintertemperaturen vertragend oder spät- und frühfrostempfindlich.

Bodenreaktion

K⊕   Kalkhaltigen Boden bevorzugend

K⊖   Kalkarmen Boden bevorzugend

Bodenfeuchte

Trocken: Überwiegend wenig Feuchtigkeit fühlbar. Die Arten verlangen oder ertragen zeitweilige Trockenheit.

Frisch: Meist etwas Feuchtigkeit fühlbar. Die Arten vertragen keine längere Trockenheit oder Dauerfeuchte.

Feucht: Meist zwei Drittel des Jahres Feuchtigkeit fühlbar. Die Arten vertragen auch zeitweilig trockenen Boden schlecht. Sickerfeucht sind Standorte mit bewegtem Hang- oder Grundwasser.

Naß: Häufig mehr Wasser vorhanden, als der Boden aufzunehmen vermag. Die Arten leiden nur wenig in feuchten Böden. Beim Graben füllt sich die Grube mit Wasser.

Nährstoffangebot

N+ Nährstoffreich: Als nährstoffreich gelten normalerweise tiefgründige, mineralreiche, lehmige und tonige Böden. Wildstaudenpflanzungen benötigen auf solchen Böden keiner extra Düngung, es sei denn, durch Bodenproben werden gravierende Mängel festgestellt. Voraussetzung dafür ist allerdings, daß (im Herbst oder Frühjahr) verdorrtes Blatt- und Triebmaterial durch humose Komposterde ersetzt wird.

N− Nährstoffarm: Silikat- und quarzreiche, leichte und lockere Sandböden sind meist nährstoffarm. Bei entsprechender standortgerechter Pflanzung mit Arten magerer Standorte entfällt eine zusätzliche Düngung. Für anspruchsvollere Stauden läßt sich der Boden durch sorgsam bemessene Beigaben von Tonmineralien, verbunden mit einer mäßigen Kalkung und Düngung (am besten über den Kompostweg), verbessern.

Bedeutung der Symbole und Ziffern

Gebrauchsanleitung für das Kennziffersystem

Nach den Pflanzennamen finden Sie häufig vier oder acht Ziffern im Kasten. Diese Zahlen geben Ihnen zusätzlich zum Text wichtige Informationen zu Standort, Lichtansprüchen, Geselligkeit u. a.

Ein Beispiel:

> ### *Aconitum,* Eisenhut
> 1255/1225 ☼ – ◐

ERSTE ZIFFER

Für die erste Ziffer »1« liest man den Text in der ersten Spalte (dunkelgrün) **1. Wald ...**

ZWEITE ZIFFER

Für die zweite Ziffer »2« wandert man auf der gleichen Ebene direkt nach rechts in die zweite Spalte (mittelgrün) und liest dort bei **»2«** Schattenstauden – meist fremdländische Arten ...

DRITTE ZIFFER

Analog wird mit der dritten Ziffer »5« verfahren. Sie lesen also in der dritten Spalte (hellgrün) bei **»5«** Bodenfrische bevorzugende Wildstauden ...

VIERTE ZIFFER

Die Texte in der vierten Spalte (gelb) gelten für alle Pflanzen gleichermaßen, egal aus welchen Lebensbereichen sie kommen. In unserem Beispiel lesen Sie also in der vierten Spalte (gelb) bei **»5«** Stattliche, zumeist horstige, ...

ERSTE ZIFFER Hauptgruppen	ZWEITE ZIFFER Spezielle Gruppen
1. Wald Auch im Garten – mit enger Beziehung zu Gehölzen. Die Pflanzen beanspruchen oder ertragen Schatten und bevorzugen humusreiche Böden (Mull- oder auch Moderboden).	1 Auffallende Blütenstauden mit Beetstaudencharakter für kaum durchwurzelte, meist beschattete Böden. Dankbar für gute Nährstoffversorgung und gelegentliche Bewässerung. Auch im Schlagschatten von Mauern. 2 Schattenstauden – meist fremdländische Arten luft- und bodenfeuchte windgeschützte Plätze, nehmlich im wandernden Schatten lichter Baumstände. 3 Überwiegend heimische Waldstauden, gern im Schatten seit Jahren eingewurzelter Gehölze. 0 Läßt sich in keine der genannten »speziellen Gruppen« einordnen.
2. Gehölzrand Für den mehr oder weniger offenen Gehölzrand mit zumeist wechselnder Besonnung (zum Teil Waldsaumpflanzen).	1 Zumeist vor Gehölzen in vorwiegend sonniger Lage. 2 Zwischen und vor Gehölzen in vorwiegend halbschattiger Lage. 0 Läßt sich in keine der beiden speziellen Gruppen einordnen.
3. Freifläche Offene, warme, sonnige Plätze bevorzugende Stauden, zum Beispiel an vollbesonnten Hängen und Terrassen mit mehr oder weniger nährstoffreichen Böden.	1 Wärme und Sommertrockenheit bevorzugende Wildstauden, unter anderem Steppen- und Felssteppenpflanzen. Auch auf Trockenmauern rassen. 2 Sonne- und wärmeliebende mit dem Charakter von Beetstauden, mit denen sich auch vergesellschaften lassen. 3 Bodenfrische bevorzugende Wildstauden für sonnige Plätze.

30

Bedeutung der Symbole und Ziffern

Im Kasten steht der botanische Name – entweder nur die Gattung, wenn mehrere Arten genannt werden (z. B. **Aconitum**), oder Gattung und Art, wenn nur eine Art beschrieben wird. Dann folgt der deutsche Name (Eisenhut). Weiterhin können dort stehen: die Kennziffern und die Lichtansprüche.

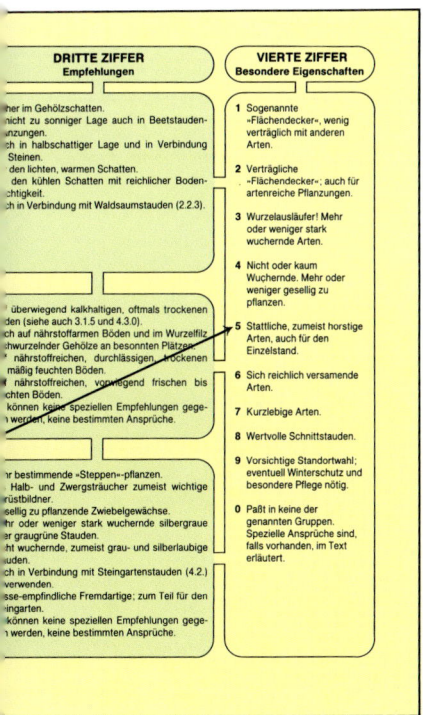

DRITTE ZIFFER
Empfehlungen

...her im Gehölzschatten.
...nicht zu sonniger Lage auch in Beetstauden-...zungen.
...ch in halbschattiger Lage und in Verbindung ...Steinen.
...den lichten, warmen Schatten.
...den kühlen Schatten mit reichlicher Boden-...chtigkeit.
...ch in Verbindung mit Waldsaumstauden (2.2.3).

...' überwiegend kalkhaltigen, oftmals trockenen ...den (siehe auch 3.1.5 und 4.3.0).
...ch auf nährstoffarmen Böden und im Wurzelfilz ...chwurzelnder Gehölze an besonnten Plätzen.
...' nährstoffreichen, durchlässigen, trockenen ...mäßig feuchten Böden.
...f nährstoffreichen, vorwiegend frischen bis ...chten Böden.
...können keine speziellen Empfehlungen gege-...n werden, keine bestimmten Ansprüche.

...r bestimmten »Steppen«-pflanzen.
...Halb- und Zwergsträucher zumeist wichtige ...rüstbildner.
...sellig zu pflanzende Zwiebelgewächse.
...hr oder weniger stark wuchernde silbergraue ...er graugrüne Stauden.
...ht wuchernde, zumeist grau- und silberlaubige ...auden.
...ch in Verbindung mit Steingartenstauden (4.2.) ...verwenden.
...asse-empfindliche Fremdartige; zum Teil für den ...ingarten.
...können keine speziellen Empfehlungen gege-...n werden, keine bestimmten Ansprüche.

VIERTE ZIFFER
Besondere Eigenschaften

1 Sogenannte »Flächendecker«, wenig verträglich mit anderen Arten.

2 Verträgliche »Flächendecker«; auch für artenreiche Pflanzungen.

3 Wurzelausläufer! Mehr oder weniger stark wuchernde Arten.

4 Nicht oder kaum Wuchernde. Mehr oder weniger gesellig zu pflanzen.

5 Stattliche, zumeist horstige Arten, auch für den Einzelstand.

6 Sich reichlich versamende Arten.

7 Kurzlebige Arten.

8 Wertvolle Schnittstauden.

9 Vorsichtige Standortwahl; eventuell Winterschutz und besondere Pflege nötig.

0 Paßt in keine der genannten Gruppen. Spezielle Ansprüche sind, falls vorhanden, im Text erläutert.

Bei einigen Arten wird eine weitere Vierergruppe (wie in diesem Beispiel), manchmal sogar zwei weitere genannt. Diese Arten gedeihen bevorzugt in dem Lebensbereich der ersten Kennzifferngruppe, sie können aber auch nach den anderen Zahlen gepflanzt werden.

Wenn die vier Ziffern beim Gattungsnamen (**Aconitum**) stehen, dann gelten sie auch für alle im Text genannten Arten, Unterarten und Auslesen.
Unterscheiden sich die Arten einer Gattung, was ihre Ansprüche betrifft, voneinander sehr, dann steht das passende Ziffernquartett jeweils hinter der Art bzw. Unterart usw., wie in folgendem Beispiel:

Thelypteris decursivepinnata,
Tausendfüßlerfarn 1234 :
An felsigen Abhängen in Bergwäldern, in mäßig trockenen bis feuchten, humosen Böden. Höhe 30–45 cm; Wedel hellgrün,
. . .

ERSTE ZIFFER Hauptgruppen	ZWEITE ZIFFER Spezielle Gruppen
1. Wald Auch im Garten – mit enger Beziehung zu Gehölzen. Die Pflanzen beanspruchen oder ertragen Schatten und bevorzugen humusreiche Böden (Mull- oder auch Moderboden).	**1** Auffallende Blütenstauden mit Beetstaudencharakter für kaum durchwurzelte, meist beschattete Böden. Dankbar für gute Nährstoffversorgung und gelegentliche Bewässerung. Auch im Schlagschatten von Mauern. **2** Schattenstauden – meist fremdländische Arten – für luft- und bodenfeuchte windgeschützte Plätze, vornehmlich im wandernden Schatten lichter Baumbestände. **3** Überwiegend heimische Waldstauden; gern im Schatten seit Jahren eingewurzelter Gehölze. **0** Läßt sich in keine der genannten »speziellen Gruppen« einordnen.
2. Gehölzrand Für den mehr oder weniger offenen Gehölzrand mit zumeist wechselnder Besonnung (zum Teil Waldsaumpflanzen).	**1** Zumeist vor Gehölzen in vorwiegend sonniger Lage. **2** Zwischen und vor Gehölzen in vorwiegend halbschattiger Lage. **0** Läßt sich in keine der beiden speziellen Gruppen einordnen.
3. Freifläche Offene, warme, sonnige Plätze bevorzugende Stauden, zum Beispiel an vollbesonnten Hängen und Terrassen mit mehr oder weniger nährstoffeichen Böden.	**1** Wärme und Sommertrockenheit bevorzugende Wildstauden, unter anderem Steppen- und Felssteppenpflanzen. Auch auf Trockenmauern und Terrassen. **2** Sonne- und wärmeliebende mit dem Charakter von Beetstauden, mit denen sie sich auch vergemeinschaften lassen. **3** Bodenfrische bevorzugende Wildstauden für voll sonnige Plätze.

DRITTE ZIFFER
Empfehlungen

1 Sicher im Gehölzschatten.
2 In nicht zu sonniger Lage auch in Beetstaudenpflanzungen.
3 Auch in halbschattiger Lage und in Verbindung mit Steinen.
4 Für den lichten, warmen Schatten.
5 Für den kühlen Schatten mit reichlicher Bodenfeuchtigkeit.
6 Auch in Verbindung mit Waldsaumstauden (2.2.3).

1 Auf überwiegend kalkhaltigen, oftmals trockenen Böden (siehe auch 3.1.5 und 4.3.0).
2 Auch auf nährstoffarmen Böden und im Wurzelfilz flachwurzelnder Gehölze an besonnten Plätzen.
3 Auf nährstoffreichen, durchlässigen, trockenen bis mäßig feuchten Böden.
4 Auf nährstoffreichen, vorwiegend frischen bis feuchten Böden.
0 Es können keine speziellen Empfehlungen gegeben werden, keine bestimmten Ansprüche.

1 Sehr bestimmende »Steppen«-pflanzen.
2 Als Halb- und Zwergsträucher zumeist wichtige Gerüstbildner.
3 Gesellig zu pflanzende Zwiebelgewächse.
4 Mehr oder weniger stark wuchernde silbergraue oder graugrüne Stauden.
5 Nicht wuchernde, zumeist grau- und silberlaubige Stauden.
6 Auch in Verbindung mit Steingartenstauden (4.2.) zu verwenden.
7 Nässe-empfindliche Fremdartige; zum Teil für den Steingarten.
0 Es können keine speziellen Empfehlungen gegeben werden, keine bestimmten Ansprüche.

VIERTE ZIFFER
Besondere Eigenschaften

1 Sogenannte »Flächendecker«, wenig verträglich mit anderen Arten.

2 Verträgliche »Flächendecker«; auch für artenreiche Pflanzungen.

3 Wurzelausläufer! Mehr oder weniger stark wuchernde Arten.

4 Nicht oder kaum Wuchernde. Mehr oder weniger gesellig zu pflanzen.

5 Stattliche, zumeist horstige Arten, auch für den Einzelstand.

6 Sich reichlich versamende Arten.

7 Kurzlebige Arten.

8 Wertvolle Schnittstauden.

9 Vorsichtige Standortwahl; eventuell Winterschutz und besondere Pflege nötig.

0 Paßt in keine der genannten Gruppen. Spezielle Ansprüche sind, falls vorhanden, im Text erläutert.

Nach Hansen/Müssel

ERSTE ZIFFER Hauptgruppen	**ZWEITE ZIFFER** Spezielle Gruppen
4. Steingarten Pflanzen, die auch der Pflege halber an den Stein gebunden sind; für Mauerwerk, Fugen, kies- und geröllreiche matten-ähnliche Flächen. Zum Teil in Verbindung mit Stufen und Plattenbelägen zu verwenden.	**1** Wüchsige, meist polsterbildende Arten und Kultur-formen für Mauern und Steinfugen in voller Sonne. **2** Besonders üppige und sehr farbenkräftige Kultur-formen. **3** »Steppenheidepflanzen« für bodenwarme, sonnige, oft kalkhaltige Standorte (siehe auch 2.1.1). **4** Für sonnige, nicht zu trockene, auch geröllreiche Flächen; entsprechend den Gebirgsmatten. **5** Wüchsige Arten für möglichst absonnige Plätze (siehe auch 1.2.2). **6** Für absonnige, bodenfrische Mauerfugen. **7** Schotterboden.
5. Beet Beetstauden oder Prachtstauden für offenzuhaltende, gepflegte und reichlich mit Nährstoffen versorgte Böden.	**1** Ordnungs- und Gerüstträger (Leitpflanzen), darun-ter auch Gräser. **2** Arten und Kulturformen für gute, humusversorgte Gartenböden; als Ergänzung zu Pflanzen aus Kate-gorie 6.1 zu pflanzen.
6. Teichrand Stauden für Pflanzungen am Teichrand oder im Sumpf.	**1** Für mäßig bzw. zeitweilig feuchte Plätze. (Siehe auch 6.2.2). **2** Für überwiegend dauerfeuchte Stellen; wenigstens zeitweilig auch flachen Wasserstand ertragend.

DRITTE ZIFFER
Empfehlungen

1 Nicht in geschlossenen Kolonien.
2 Zumeist in größeren Gruppen zu pflanzen.
3 Kurzlebige.
0 Es können keine speziellen Empfehlungen gegeben werden, keine bestimmten Ansprüche.

1 Arten für sonnige, warme Plätze; zeitweilige Trockenheit ertragend. Ausfälle besonders durch Winternässe.
2 Als ursprüngliche Wiesenpflanzen für frische, zeitweilig feuchte Gartenböden, auch in halbschattiger Lage (siehe auch 2.2.4).

1 Leichte Beschattung ertragend.
2 Für sonnigen Stand.

VIERTE ZIFFER
Besondere Eigenschaften

1 Sogenannte »Flächendecker«, wenig verträglich mit anderen Arten.

2 Verträgliche »Flächendecker«; auch für artenreiche Pflanzungen.

3 Wurzelausläufer! Mehr oder weniger stark wuchernde Arten.

4 Nicht oder kaum Wuchernde. Mehr oder weniger gesellig zu pflanzen.

5 Stattliche, zumeist horstige Arten, auch für den Einzelstand.

6 Sich reichlich versamende Arten.

7 Kurzlebige Arten.

8 Wertvolle Schnittstauden.

9 Vorsichtige Standortwahl; eventuell Winterschutz und besondere Pflege nötig.

0 Paßt in keine der genannten Gruppen. Spezielle Ansprüche sind, falls vorhanden, im Text erläutert.

Stauden von A–Z

Lebensbereich Gehölz

Die Ansicht, daß im Schatten nichts oder kaum etwas gedeihen würde, ist ein verbreiteter Irrtum. Der Laubmischwald liefert den Beweis. Vor allem im Frühjahr grünt und blüht es üppig im Eichen-Hainbuchenwald. Wer hat nicht schon den weißen Teppich des Buschwindröschens bewundert?

Doch werden die wenigsten Gartenbesitzer einen Wald ihr eigen nennen können. Es bedarf auch nicht eines Waldes, um Schattenstauden ansiedeln zu können. Der Lebensbereich Gehölz kann aus mehreren Bäumen und/oder Großsträuchern bestehen oder aber eine breite, lichte Hecke sein. Ja, selbst ein großer, tiefbeasteter Einzelbaum mag Schattenstauden einen geeigneten Lebensraum bieten.

Schließlich gibt es noch einen Schatten, der nicht durch Baum oder Strauch hervorgerufen wird, sondern durch Gebäude: den Schlagschatten. Auch dies ist ein Platz für Gehölz-Stauden.

Lichtes Gehölz, schattiger Gehölzrand

Frischer, neutraler bis kalkhaltiger, humoser Lehmboden

⚠	*Helleborus niger* 'Praecox' 30 cm, XII–II
	Eranthis cilicica 8 cm, III
⬤	*Erythronium* 'White Beauty' 20 cm, IV
⁝	*Narcissus* Cycl.-Hybr. 'Dove Wings' 35 cm, IV
	Chionodoxa sardensis 15 cm, IV
▨	*Ajuga reptans* 'Schneekerze' 15 cm, IV–VI
▬	*Anemone apennina* 15 cm, IV–V
▽	*Dicentra formosa* 'Luxuriant' 30 cm, VI–VIII

M 1:50

AMEL.

36

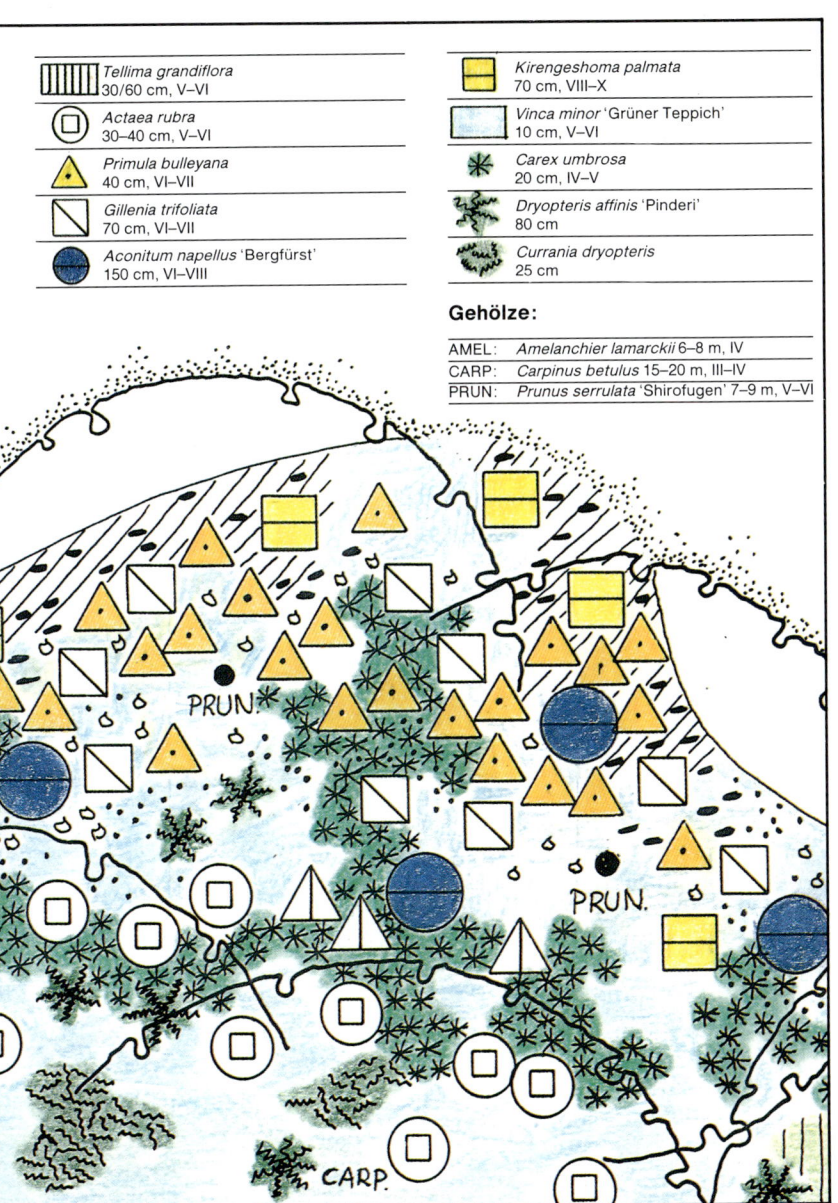

Tellima grandiflora
30/60 cm, V–VI

Actaea rubra
30–40 cm, V–VI

Primula bulleyana
40 cm, VI–VII

Gillenia trifoliata
70 cm, VI–VII

Aconitum napellus 'Bergfürst'
150 cm, VI–VIII

Kirengeshoma palmata
70 cm, VIII–X

Vinca minor 'Grüner Teppich'
10 cm, V–VI

Carex umbrosa
20 cm, IV–V

Dryopteris affinis 'Pinderi'
80 cm

Currania dryopteris
25 cm

Gehölze:

AMEL:	Amelanchier lamarckii 6–8 m, IV
CARP:	Carpinus betulus 15–20 m, III–IV
PRUN:	Prunus serrulata 'Shirofugen' 7–9 m, V–VI

PRUN.

PRUN.

CARP.

Stauden von A–Z

Gehölz – lichtschattig bis halbschattig

Frischer bis feuchter, kalkfreier, humoser, sandiger Lehmboden

Adonis amurensis
20 cm, II–III

Synthiris stellata
20 cm, III–IV

Anemone nemorosa 'Allenii'
15 cm, IV–V

Phlox stolonifera 'Blue Ridge'
20 cm, V–VI

Astilbe Jap.-Hybr. 'Europa'
40 cm, VI–VII

Tiarella wherryi
15 cm, V–VI–X

Polygonum sericeum
100–125 cm, V–VI

Polemonium reptans
15–30 cm, V–VI + VIII

Primula alpicola var. *violacea*
55 cm, VI–VII

Astilbe thunbergii 'Straußenfeder'
80–100 cm, VII–VIII

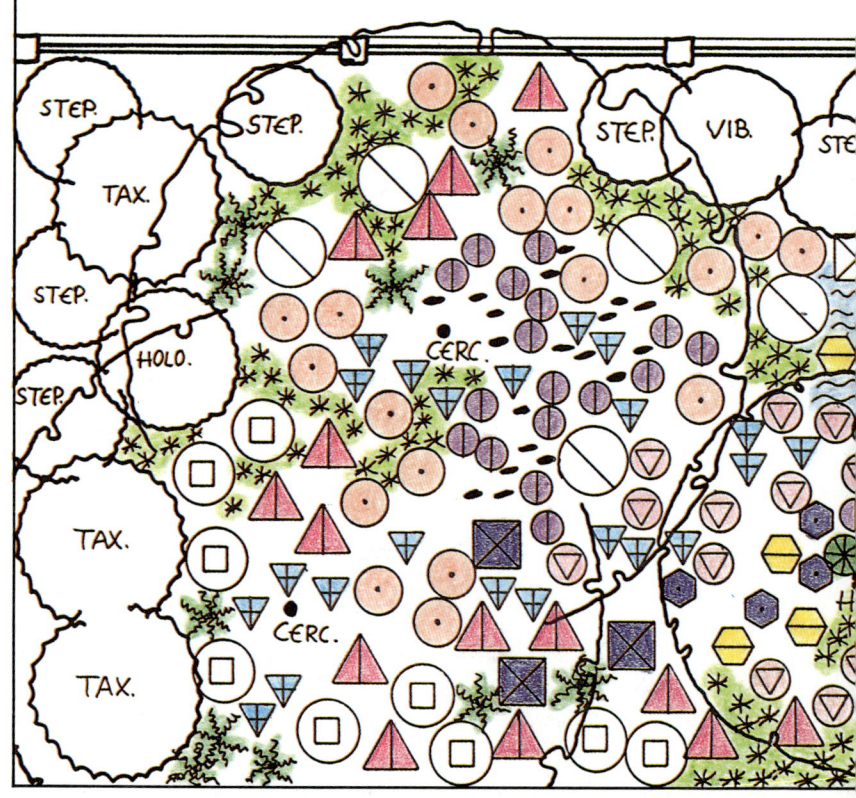

Lebensbereich Gehölz

 Polygonom campanulatum
70 cm, VIII–X

 Aconitum carm. var. wilsonii
160 cm, VIII–IX

 Anemone Jap.-Hybr. 'H. Jobert'
90 cm, IX–X

Cimicifuga simplex 'White Pearl'
130 cm, X

 Carex plantaginea
20 cm, IV–V

 Athyrium niponicum 'Metallicum'
35 cm

 Dryopteris wallichiana
60 cm

Polystichum polyblepharum
40 cm

CERC: Cercidiphyllum japonicum 7(–10) m, IV

DAV: Davidia invol. var. vilmoriniana
       5–10 m, V–VI

HOLO: Holodiscus discolor var. ariifolius
       2–3 m, VII–VIII

HAM: Hamamelis mollis 3–4 m, II–III–IV

STEP: Stephanandra incisa 1,5 m, VI

VIB: Viburnum farreri 2–3 m, II–III oder XII

TAX: Taxus × media 'Hicksii' 3–4 m

M 1:50

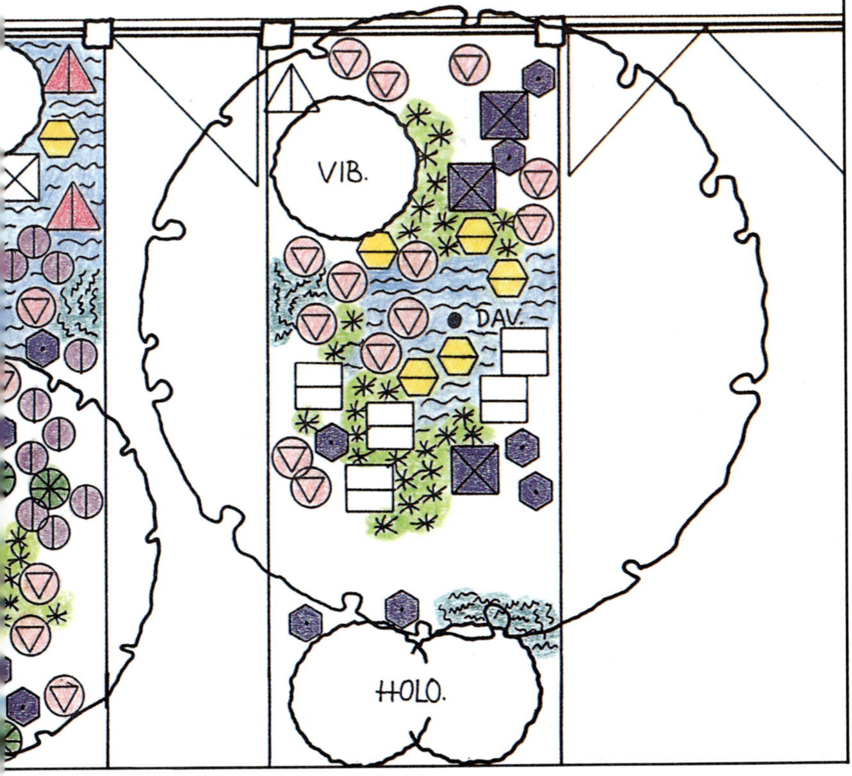

VIB.

DAV.

HOLO.

Stauden von A–Z

Aconitum, Eisenhut

| 1255/1225 | ☼ – ◑ |

Der Eisenhut ist heimisch in (Berg-)
Wäldern und Hochstaudenfluren
höherer Lagen, auch wächst er an
Ufern und Quellen. Daher bevorzugt
er eher kühle Klimate mit frischen
bis sehr feuchten, nährstoff- und
kalkreichen Lehm- und Tonböden.
Es sind aufstrebende Staudengestalten mit mehr oder weniger stark
geteilten Blättern. Im oberen Bereich und an den Enden des Sten-
gels erscheinen die Blüten.

Aconitum carmichaelii aus China.

Lebensbereich Gehölz

A. carmichaelii, Herbstakonit: Höhe 60–100 cm, Blüte IX–X, groß, mittelblau. In rauhen Lagen und bei trockenem Stand unsicherer Blüher.
– var. *wilsonii (A. wilsonii),* Herbstakonit: Höhe 150–170 cm. Blüte VIII–IX, hellviolettblau.
var. × *arendsii (A. arendsii;* Kreuzung zwischen den beiden vorgenannten): Höhe 90–130 cm. In der Erscheinung zwischen den Eltern stehend. Heute durch Samennachbau in abweichenden Typen vorhanden. Blüte IX–X, azurblau.

A. lamarckii *(A. pyrenaicum),* Pyrenäen-Eisenhut: Höhe 100–140 cm. Blüte mittelgelb, VI–VII. Für den Garten wertvoller als der ähnliche *A. vulparia.*

A. napellus, Sturmhut: Blüte meist intensiv blau, sommerblühend. Es gibt verschiedene Unterarten mit unterschiedlicher Höhe und Wüchsigkeit.
– ssp. *compactum:* Höhe 80 bis 100 cm. Blüte VI–VII, blauviolett. Farbauslesen: 'Album', Blüte weiß. 'Carneum', Blüte verwaschen rosa.
– ssp. *lobelianum:* Höhe 100 bis 130 cm. Auslesen: 'Bergfürst', Höhe 150 cm, Blüte VI–VIII, dunkelblau. 'Gletschereis', Höhe 120 cm, Blüte VI–VIII, weiß.
– ssp. *pyramidale:* Höhe 100 bis 150 cm. Auslese: 'Newry Blue', Blüte VII–VIII, marineblau.
– ssp. *tauricum:* Höhe 50–60 cm. Blatt relativ klein. Auslesen: 'Blue

Sceptre', Höhe 60 cm, Blüte violettblau und weiß. 'Bressingham Spire', Höhe 90 cm, Blüte einheitlich violettblau. Beide Sorten allgemein schwachwüchsiger und anspruchsvoller.

A. vulparia, Wolfseisenhut: Höhe 80–110 cm. Blüte VI–VII, blaßgelb. Meist reiche Selbstaussaat.

Actaea, Christophskraut

| 1255 | ● – ◑ |

Das Christophskraut gedeiht in Wäldern und ist daher sehr empfindlich gegen intensive Sonnenstrahlung. Die eher kühleliebende Staude wächst sogar noch im tiefsten Schatten.
Frische bis feuchte, humose Böden sagen ihm zu. Die *Actaea*-Arten

Fruchtbild von *Actaea pachypoda.*

Stauden von A–Z

sind sich alle recht ähnlich, unterscheiden sich jedoch durch die Farbe ihrer Früchte voneinander. Die Blätter sind gefiedert; die weißen, in einer gedrängten Traube sitzenden Blüten erscheinen Mai bis Juli.

A. erythrocarpa (*A. spicata* 'Fructo Rubra'): Höhe 40–60 cm. Frucht rot, Fruchtstiele schwach, nur die obersten verdickt.
– var. *leucocarpa* (= *A. spicata* 'Fructo Alba'): Frucht weiß.

A. pachypoda *(A. alba):* Höhe 50 bis 80 cm; Frucht weiß, Fruchtstiele rot und verdickt. Die schönste Art, aber nicht überall so wüchsig.

A. rubra: Höhe 30–50 cm; Frucht blutrot, Fruchtstiel nicht verdickt.

A. spicata *(A. nigra):* Höhe 30 bis 50 cm; Frucht schwarz; an zusagenden Standorten Selbstaussaat.

Anemone blanda »White Splendor«

Anemone apennina am heimatlichen Standort.

Anemone, Windröschen

1314 ● – ☼

Windröschen findet man in Wäldern und im Schatten von Hecken wachsend. Sie bevorzugen frischen, nährstoffreichen, humosen und lockeren Lehmboden. Alle ziehen nach der Blüte ein; sie besitzen ein Rhizom, an dem sich zerteilte Blät-ter und Blüten entwickeln. Wo Windröschen ungestört vor Hacke und Spaten wachsen dürfen, säen sie sich reichlich aus.

A. apennina, Apenninwindröschen: Höhe 10–20 cm. Blatt stumpfgrün, gefiedert. Blüte IV–V, himmelblau. Sehr wertvolle Art. Auslesen: 'Alba', Blüte weiß. 'Purpurea', Blüte rot-violett.

A. blanda, Schönes Windröschen: Höhe 10–15 cm. Blatt gefiedert. Blüte III–IV, blau. Im Handel Sorten mit abweichender Blütenfarbe.

A. nemerosa, Buschwindröschen: Höhe 15–20 cm. Blatt gefiedert. Blüte III–IV, weiß, manchmal rötlich. Im Handel sind auch Farbsorten in Blau- und Cremetönen zu finden.

***A.-Japonica*-Hybriden,
Anemone hupehensis,**
Herbstanemonen

1124 ◑ – ☀

Diese beiden hochwachsenden Anemonen-Arten werden wegen ihrer Üppigkeit mehr zu den Beetstauden gerechnet, in bestimmten Situationen sind sie jedoch auch mit Wildstauden gut zu kombinieren. Herbstanemonen bevorzugen frische bis humose Böden. In schneelosen Lagen ist ein Winterschutz aus Laub günstig. Herbstanemonen werden uralt. Sie lassen sich, einmal eingewachsen, kaum wieder entfernen, da jedes Wurzelstückchen austreiben kann. Aus dem kriechenden

Wurzelstock entwickeln sich recht große, dreigeteilte und rauhe Blätter. Aus diesem Laubkissen heraus steigen die verzweigten Blütenstengel, oft zwei- bis dreimal so hoch, auf. Die Blüten erinnern an flache Schalen.

A. hupehensis 'Splendens': Höhe 80 cm; Blüte lebhaft purpurrosa, VIII–IX. 'Septembercharme', Höhe 80 cm. Blüte hellrosa. 'Praecox', Höhe 60 cm. Blüte purpurrot, VIII–IX.

***A.-Japonica*-Hybride** 'Honorine Jobert': Höhe 100–120 cm, Blüte IX–X, weiß. 'Rosenschale', Höhe 60 bis 90 cm, Blüte dunkelrosa, IX–X.

A. tomentosa 'Robustissima': Höhe 100–120 cm. Blatt dreiteilig, spitzzipfelig. Blüte VIII–IX, hellrosa.

Aruncus, Geißbart

1225 ● – ◑

Anemone Japonica-Hybride 'Rosenschale'.

Wächst am liebsten in Schluchten. Der Geißbart bevorzugt daher luftfeuchte Lagen mit frischen, nährstoffhaltigen aber meist kalkarmen lockeren Lehm- und Tonböden. Geißbartpflanzen sind mächtige Staudengestalten mit zwei- bis dreifach gegliederten Blättern und kleinen weißen, zweihäusigen Blüten in einer reichblütigen Rispe.

Stauden von A–Z

Aruncus aethusifolius – der Zwerg unter den »Geißbärten«.

Gute Gartennachbarn: Eisenhut, Waldglockenblumen, Funkien, Fingerhut, Astilben und Farne.

A. aethusifolius, Zwerggeißbart: Höhe 15–25 cm; Blüte VI–VII.

A. dioicus, Waldgeißbart: Höhe 150–200 cm; Blüte VI–VII. Männliche Pflanzen attraktiver. Selbstaussaat, wenn beide Geschlechter zusammenstehen. Kann sehr alt werden.

A. sinensis: Ähnlich der vorigen Art, doch Blätter gröber gezähnt und mit bräunlicher Tönung, besonders im Austrieb. Höhe 120–180 cm; Blüte VII. 'Zweiweltenkind' ist eine Auslese mit geschlossenerem, dichtem, Wuchs.

Asarum, Haselwurz
●

Der in Laubwäldern wachsende Haselwurz ist eine teppichbildende Blattstaude von nur 5–15 cm Höhe. Die Blüten erscheinen April bis Mai, fallen aber nur wenig auf. Die Standortansprüche der beiden Arten sind etwas unterschiedlich, beide säen sich gerne von selbst aus.

A. europaeum, Europäische Haselwurz 1312 : Frische N +, K +, humose Lehm- und Tonböden. Blatt breit-nierenförmig, glänzend, wintergrün. Eine Pflanze für alte, eingewachsene Gärten.

A. caudatum, Geschwänzte Haselwurz 1212 : sommertrockene bis frische, N +, K −, silikatreiche Böden. Blatt herz-nierenförmig, halbimmergrün bis wintergrün.

Asarum caudatum

Astilbe chinensis,
Chinaprachtspiere

1222

Diese Stauden bevorzugen frischen, nährstoffhaltigen Laubhumusboden. Die Blätter sind zwei- bis dreifach gefiedert. Aus dem Laubteppich treiben von August bis September die Blüten in einer schlanken, pyramidalen Rispe. Wurzelstock kriechend, daher rasch flächendeckend.
– var. *davidii* 1254 : Höhe 120 bis 180 cm; Blüte VIII, purpurrot. Boden frisch bis feucht.
– var. *pumila* 1262/2242 : Höhe 15–20 cm; Blüte IX, lilarosa. Dazu einige Sorten, alle 1264/2244 : 'Finale', Höhe 30–40 cm; Blüte VIII bis IX, frischrosa. 'Serenade', Höhe 30–40 cm; Blüte VIII–IX, rosarot. 'Spätsommer', Höhe 30–40 cm; Blüte VIII–IX, leuchtend rosa. 'Vero-

nica Klose', Höhe 30–40 cm; Blüte VIII–IX, dunkelpurpur.
– var. *tacquetii:* Höhe 90–115 cm; Blüte VII–VIII, lilarosa. Auslesen: 'Purpurkerze', Blüte purpurrot. 'Superba', Blüte purpurrosa.

Brunnera macrophylla,
Kaukasusvergißmeinnicht

Kommt wild in Bergwäldern vor und liebt daher frische, nährstoffhaltige, lehmige Böden. Aus einer Kuppel herzförmiger, rauher Blätter, treiben von April bis Mai lockere Rispen blauer Blüten.
Die 30–45 cm hohe Staude neigt zur Selbstaussaat. Mit anderen Frühjahrsblühern wie Zierquitten, Felsenbirne, Elfenblume, Ungarwurz, Narzissen, Tränendes Herz sieht die Pflanze sehr gut aus.

Astilbe chinensis 'Spätsommer'

Brunnera macrophylla

Campanula latifolia var. macrantha

C. trachelium, Nesselblättrige Glok-
kenblume 1314 : In Wäldern, Hek-
ken und Waldverlichtungen. Höhe
40–100 cm; Blüte VII–VIII (–IX), lilablau. Etwas kurzlebiger, aber reichlich Selbstaussaat.

Centaurea montana,
Bergflockenblume

1128 ◑ (– ○)

Campanula, Glockenblume

● – ◑

Allgemein lieben Glockenblumen
nährstoffhaltige, lockere, humose
Lehmböden. Die einzelnen Arten
haben jedoch unterschiedliche
Standortansprüche. Glockenblumen
sind aufstrebende Stauden mit beblätterten Stengeln, an denen sich
im oberen Bereich die Blüten bilden.

C. latifolia var. macrantha, Wald-
glockenblume 1225 : Höhe 80 bis
100 cm; Blüte VI–VII, violettblau, in
einer Traube. Gute Nachbarn: Geiß-
blatt, Weißer Türkenbund, Farne,
Schattengräser.
'Alba', Blüte weiß. Gute Nachbarn:
Blauer Sommereisenhut.

In Berg- und Schluchtwäldern oder
in Hochgras- und Hochstaudenfluren, dort wo frischer, nährstoffhalti-
ger, humoser Lehm- und Tonboden
vorliegt, kommt die Bergflockenblume wild vor. Mit ihren elliptisch-
lanzettlichen, ungeteilten und flok-
kig behaarten Blättern wird sie
35–60 cm hoch. Von Mai bis Juli
und von August bis September er-

Centaurea montana 'Parham'

scheinen die Blüten, blau, in einem Köpfchen sitzend.
Auslesen: 'Grandiflora', Blüte größer, leuchtend blau. 'Alba', Blüte weiß. 'Rosea', Blüte rosa. 'Parham', Blüte größer, violettblau.
Gute Nachbarn: Bergkiefern, Storchschnabel-Arten, Gräser.

Cimicifuga, Silberkerze

| 1225 | ☼ – ◑ |

Cimicifuga simplex

Silberkerzen gedeihen in Wäldern auf frischen bis feuchten, nährstoffhaltigen Laubhumusböden. Die mehrfach gefiederten Blätter bilden einen Blatthorst, aus dem sich die sehr langen Blütenstiele entwickeln. Alle Arten blühen weiß.
Gute Nachbarn: Herbstanemonen, Farne, Eisenhut, zwischen immergrünen Rhododendren; die spätblühenden Sorten sehen sehr attraktiv zu herbstbunten Sträuchern aus. Silberkerzen wirken besonders gut vor dunkelgrünem Hintergrund, z. B. vor Eiben.

C. acerina: Höhe 100–200 cm, Blüte Ende VIII–IX. 'Compacta', Höhe 60–90 cm.

C. dahurica, Augustsilberkerze: Höhe 180–220 cm; Blüte VIII.

C. japonica: Höhe 110–155 cm; Blüte VIII–IX.

C. racemosa, Julisilberkerze: Höhe 150–200 cm; Blüte VII.
– var. *cordifolia* (= *C. cordifolia*), Lanzensilberkerze: Höhe 120 bis 200 cm; Blüte VIII.

C. ramosa, Septembersilberkerze: Höhe 150–210 cm; Blüte IX, duftend.

C. simplex, Oktobersilberkerze: Höhe 100–140 cm; Blüte IX–X. Auslesen mit stark verzweigten Blütenständen sind: 'Armleuchter', 'White Pearl', 'Frau H. Herms'.

Corydalis, Lerchensporn

| 1316 | ● – ◑ |

Den Lerchensporn findet man in Wäldern und im Schatten von Gebü-

Stauden von A–Z

schen. Er liebt frische, nährstoffhaltige, lockere, humose Lehmböden. Bald nach der Blüte ziehen die Pflanzen ein. Reiche Selbstaussaat nur bei ungestörter Mulchdecke.

C. cava, Hohler Lerchensporn: Höhe 15–25 cm, Blatt doppelt dreizählig; Blüte III–IV (V), lilarot oder weiß; Wurzelstock hohle, kugelige Knolle.

C. intermedia, Mittlerer Lerchensporn: Höhe 10–20 cm; Blatt doppelt dreizählig; Blüte IV–V, rosarot oder weiß.

C. solida, Fester Lerchensporn: Höhe 10–20 cm; Blatt doppelt dreizählig, Blüte III–VI, meist trübrot, selten weiß. Bei der Auslese 'George Baker', Blüte lachs- bis orangerot (diese Varietät fällt weitgehend echt, wenn sie nicht mit der trübroten Art zusammensteht. Ständige Auslese ist notwendig).

Cyclamen coum mit *Narcissus cyclamineus.*

> **Cyclamen,** Alpenveilchen
> 1334/1344/2239 ☼ – ◑

Alpenveilchen wachsen in Wäldern und Gebüschen. Sie lieben mäßig trockene bis frische, nährstoff- und kalkhaltige, humose, steinige, lockere Lehm- und Tonböden. Die Staude wird etwa 5–15 cm hoch mit ungeteilten, herzförmigen Blättern. Die nickend, langgestielten Blüten stehen einzeln. Alpenveilchen sind Knollenpflanzen, die gerne im Wurzelfilz von Bäumen und Großsträuchern wie Kiefern, Buchen, Haselsträuchern, Zaubernüssen, usw. leben.

C. coum ssp. *coum:* Blüte (II–)III(–IV), rosa bis dunkelkarmin, am Blütengrund ein weißes Auge, darüber ein dunkler Fleck.
– ssp. *caucasicum:* wie vorige, aber Auge rosa oder hellpurpurfarben.

Corydalis cava mit *Anemone nemorosa.*

C. hederifolium (= *C. neapolitanum*): Blatt mit weißlicher Zeichnung; Blüte VIII–IX, rosa.

C. purpurascens (= *C. europaeum*): Blatt mit weißlicher Zeichnung; Blüte VII–IX, rosarot, stark duftend. Braucht einen gleichmäßig frischen Boden.

D. heptaphylla, Fiederzahnwurz: Höhe 20–50 cm; Blatt gefiedert; Blüte IV–V, weiß oder blaß purpurfarben.

D. pentaphyllos, Fingerzahnwurz: Höhe 25–50 cm; Blatt fünfzählig gefingert; Blüte V–VI, lila bis tief purpurfarben.

Dentaria, Zahnwurz

1314 ●–◐

Dicentra, Herzblume

1224 ●–◐

Meist in Buchenwaldgesellschaften zuhause, bevorzugt frische, nährstoffhaltige, humose, lockere, gern auch steinige Lehmböden.

D. enneaphyllos, Quirlblättrige Zahnwurz: Höhe 20–30 cm; Blatt dreizählig gefingert. Blüte (III–)IV(–V), gelblich, in trugdoldiger Traube. Gute Nachbarn: Seidelbast, Leberblümchen, Frühlingsalpenveilchen, Blausternchen.

Liebt frische, lockere, humose Böden. Gute Nachbarn: Waldglockenblumen, Akelei, Primeln, Elfenblumen, Waldgedenkemein, Schaumblüte.

D. eximia: Höhe 20–30 cm; Pflanzen mit kriechendem Wurzelstock, aus dem einzelne zerbrechlich wirkende blaugrüne Blätter sowie die Blütenstiele mit dem herzähnlichen Blüten treiben. Blüte V–IX, rosarot,

Dentaria pentaphylla von den Bergen am Gardasee.

Dicentra spectabilis 'Alba' – eine vornehme Schönheit.

bei der Sorte 'Alba', weiß (diese zusammen mit dem Labradorveilchen).

D. formosa: Höhe 20–30 cm; Pflanzen ähnlich der vorigen; Blüte VI–VIII, blaßrot. Dazu verschiedene Farbsorten: 'Bountiful', Blüte dunkelrosa. 'Luxuriant', Blüte dunkelrot. 'Adrian Bloom', Blüte kirschrosa.

– ssp. *oregana:* Höhe 20–30 cm; Blüte VI–VIII, cremegelb, innen rosa getupft.

Epimedium × rubrum ziert mit Blatt und Blüte.

D. spectabilis, Tränendes Herz ◑ 1228 : Pflanzen von ± kugeligem Wuchs mit graugrünen Blättern an verzweigten Trieben. Höhe 70 bis 90 cm; Blüte V–VI, rosa und weiß; die Sorte 'Alba' ist reinweiß. Diese vor dunkelgrünem Hintergrund setzen, zusammen mit dem Kaukasusvergißmeinnicht. Nimmt häufiges Verpflanzen übel; kann am gleichen Standort jahrzehntealt werden.

Epimedium, Elfenblumen

 – ◑

Elfenblumen brauchen frische, nährstoffhaltige, humose, lehmige Böden. Alle *Epimedium* sind sehr dankbare und treue Flächenbegrüner, einige Arten verhalten sich etwas unduldsam gegenüber anderen Stauden, andere aber sind bestens

geeignet als Grundgewebe für artenreiche Staudenteppiche. Elfenblumen sind Pflanzen mit mehr oder weniger stark kriechendem Wurzelstock, aus dem sich dreifach gefiederte Blätter und Blütenstiele entwickeln. Sie blühen kurz vor oder mit der Laubentfaltung im April/Mai. Gute Nachbarn: Ungarwurz, Waldgedenkemein, Kaukasusvergißmeinnicht, Farne, Schattensegge, Hasenglöckchen und Immergrün.

E. grandiflorum 1214 : Höhe 20 bis 35 cm; Blüte weiß, langgespornt, oft Nachblüte im VIII–IX. Wertvollste Art.
Sorten: 'Elfenkönig', Blüte rahmweiß, wüchsig. 'Flavescens', Blüte gelblichweiß. 'Lilafee', Blüte purpurviolett, reichblütig und wüchsig. 'Normale', Blüte äußere rot, innere violett getönt, Honigblätter weiß.

'Rose Queen', Blüte tiefrosa; 'Viola-
ceum', Blüte dunkelviolett.

E. pinnatum ssp. **colchicum** (= E.
pinnatum 'Elegans') ⟦1211⟧: Höhe
25–40 cm; Blatt wintergrün bis immergrün, Blüte gelb mit braunem
Sporn.

E. × rubrum (E. alpinum × E. grandiflorum) ⟦1264⟧: Höhe 25–35 cm;
Blatt im Austrieb rot gezeichnet;
Blüte leuchtend rot mit hellgelben
oder weißlichen Honigblättern.

Galanthus elwesii der Kaukasischen Bergwelt.

E. × versicolor (E. grandiflorum ×
E. pinnatum) ⟦1214⟧: Höhe 25 bis
40 cm; Blätter im Austrieb rötlich,
teils wintergrün; Blüte altrosa, Honigblätter gelb. Sorten: 'Cupreum',
Blüte innen kupferrot. 'Sulphureum',
Blüte hellgelb.

E. × youngianum (E. diphyllum ×
E. grandiflorum) ⟦1212/4520⟧: Höhe
20–30 cm; Blüte oft spornlos. Sorten: 'Niveum', Blüte weiß. 'Lilaci-
num' (= 'Roseum'), Blüte hellviolett
bis purpurfarben.

Galanthus, Schneeglöckchen

⟦1334⟧ ●–◐

In Wäldern und Gebüschen sind
Schneeglöckchen heimisch, daher
lieben sie frische bis feuchte, nährstoffhaltige, lockere, humose Lehm-
und Tonböden. Üppige Selbstaussaat findet nur dort statt, wo sie
ungestört vor Hacke und Spaten
gedeihen können.

G. elwesii ⟦1244/2114⟧: Höhe 15
bis 20 cm; Blatt graugrün; Blüte
II–III, weiß. Auch an wärmeren und
trockeren Standorten.

G. ikariae ssp. **latifolius:** Höhe
10–15 cm; Blatt tiefgrün; Blüte III,
weiß.

G. nivalis: Feuchte- und kühleliebend. Höhe 10–15 cm; Blatt blaugrün; Blüte II–III, weiß. Es gibt auch
einige Sorten.

G. reginae-olgae (G. nivalis ssp. reginae-olgae) ⟦2139⟧: Blüte IX–X!
Braucht einen warmen und sonnigen Standort. Leider nur selten angeboten und dann recht teuer.

Stauden von A–Z

Gillenia trifoliata,
Dreiblattspiere

1245/2245 ☀ – ◑

Die Dreiblattspiere bevorzugt frische, eher kalkarme Humusböden. Sie ist eine aufrechtwachsende, 70 bis 100 cm hohe Pflanze, deren rötliche Stengel, Blattstiele und Blätter in einem auffälligen Kontrast zu den im Juni/Juli erscheinenden weißen Blüten stehen. Gute Nachbarn: Waldglockenblumen, Sommereisenhut, Schattengräser, Funkien, Astilben.

Gillenia trifoliata – eine selten gepflanzte Nordamerikanerin.

Hepatica, Leberblümchen

1224/1314 ● – ◑

Leberblümchen wachsen in Wäldern und im Schatten von Hecken auf frischen, nährstoff- und kalkhaltigen, humosen, lockeren Lehmböden. Gute Nachbarn: Seidelbast, Christrosen, Zahnwurz, Frühlingsplatterbse, Kissenprimeln, Weißes Waldgedenkemein, Windröschen, Schneeglöckchen.

Hepatica transsylvanica

H. nobilis: Höhe 10–15 cm; Blatt dreilappig, oben dunkelgrün, unterseits meist violett, manchmal wintergrün; Blüte III–IV, hell- bis dunkelblau und hellblauviolett, selten weiß bis rosaweiß.

H. transsylvanica (= *H. angulosa*): Ähnlich *H. nobilis,* aber Blattrand gebuchtet und 1–2 Wochen früher blühend. Auch Boden- und Lufttrockenheit besser vertragend.

Lebensbereich Gehölz

Hosta rectifolia var. *sachalinensis*

Es gibt fürchterlich viele Arten und Sorten. Einige der Neuzüchtungen kosten viel Geld. Wer sich näher mit Hostas beschäftigen will, dem sei der Staudengärtner H. Klose in Lohfelden bei Kassel empfohlen. Hier einige wenige, grünblättrige Arten für naturhafte Gestaltungen.
Wenn der Boden feucht ist, können *Hosta* auch sonnig stehen. Frische, nährstoffreiche, möglichst kalkarme, humose, lehmige Böden. Gute Nachbarn: Bambus, Farne, Herbstanemonen, Astilben, einige Knötericharten, Silberkerzen.

H. decorata var. normalis: Höhe 30–50 cm; Blüte VII–VIII, violett. Dazu die Sorte 'Betsy King', sehr reichblütig.

H. elata, Grüne Riesenfunkie: Höhe 40–90 cm; Blüte VII–VIII, hellblau-violett.

H. lancifolia, Lanzenfunkie: Höhe 30–45 cm; Blüte VIII–IX, lilablau, bei 'Alba' weiß.

H. longissima, Schmalblattfunkie: Höhe 25–40 cm; Blüte VII–VIII, violett.

H. minor (= *H. ventricosa* 'Minor'): Höhe 25–45 cm; Blüte VI–VIII, lila.

H. plantaginea: Wohl nicht in Kultur, dafür die Sorte 'Grandiflora': Höhe 30–60 cm; Blüte VIII–IX, weiß, duftend! Braucht mehr Sonne und Wärme als die anderen Arten. Aber wegen des Duftes wertvoll.

H.-Plantaginea-Hybriden 'Honey Bells': Höhe 30–60 cm; Blüte lavendellila, Dauerblätter gegen starke Besonnung empfindlich. 'Royal Standard', Höhe 40–70 cm; Blüte weiß, stark duftend. 'Sweet Susan', Höhe 35–70 cm; Blüte VII–VIII, lila, duftend.

H. sieboldiana, Blaublattfunkie: Höhe 35–60 cm; Blatt blaugrün; Blüte VI–VII, hellila.

Stauden von A–Z

H. sieboldii, f. spathulata: Die grünblättrige Wildform; kaum kultiviert. 'Alba' (= *H. minor* 'Alba') Höhe 20–35 cm; Blatt hellgrün; Blüte VII–VIII, weiß. 'Weihenstephan' Höhe 30–50 cm; Blatt grün; Blüte VI–VII, weiß, reichblühend.

H. tardiflora, Herbstfunkie: Höhe 15–25 cm; Blüte IX–XI, lichtpurpurn mit dunkleren Adern. Zusammen mit dem Oktobersteinbrech an frostgeschütztem Platz.

H. tokudama, Löffelblattfunkie: Höhe 30–45 cm; Blatt blaugrau bereift; Blüte VI–VII, weißlich.

H. ventricosa, Glockenfunkie: Höhe 40–70 cm; Blatt grün; Blüte VIII, violettblau.

Kirengeshoma palmata

Kirengeshoma palmata,
Wachsglocke

1245 ●–◐

Lamium orvala, Nesselkönig

1264 ●–☼

Die Wachsglocke braucht frische, kalkarme Humusböden. Sie wird etwa 60–80 cm hoch; die nickenden gelben Blüten erscheinen von Anfang September bis Oktober in glockigen Trugdolden. Etwas spät- und frühfrostgefährdet. Gute Nachbarn: Rhododendren, Bambus, Farne, Herbstakonit, weiße Herbstanemonen, Schaumblüte, Elfenblumen, Schaublatt.

In staudenreichen Laubwäldern gedeiht der Nesselkönig in (frischen bis) feuchten, nährstoffhaltigen, humosen Lehm- und Tonböden. Die imposante, buschig wachsende Staude wird 40–60 cm hoch mit glänzend dunkelgrünen, im Austrieb bräunlichen Blättern. Die Blüte von Mai bis Juni ist bräunlichrot. Gute Nachbarn: Mittelhohe Gräser, Waldgeißbart, weißer Türkenbund, Farne, Waldgedenkemein.

Lathyrus vernus

lesen: 'Albus', Blüte weiß. 'Alboro-seus', Blüte weißrosa. 'Roseus', Blüte rosa. Nachbarn: Schattengrä-ser, Waldprimeln, Christrosen.

Lamium orvala am Monte Altissimo.

Leucojum vernum,
Frühlingsknotenblume, Märzen-becher

| 1356 | ☼ – ◖ |

Lathyrus vernus,
Frühlingsplatterbse

| 1344 | ● – ◖ |

In krautreichen Buchen-, Laub-misch- und Nadelmischwäldern be-heimatet. Liebt frische, nährstoffhal-tige, kalkreiche Tonböden. Die Frühlingsplatterbse wird 20 bis 35 cm hoch mit dunkelgrünen Blät-tern und blüht April/Mai anfangs rotviolett, dann grünblau, zu fünft bis 15 in Trauben.
Selbstaussaat ist möglich, die Pflanze ist sehr dauerhaft. Farbaus-

Der Märzenbecher kommt in Wäl-dern und Gebüschen, in Wiesen und an Ufern vor und bevorzugt feuchte, nährstoffhaltige, humose, tiefgründige, lockere Ton- und Lehmböden. Diese Zwiebelpflanze wird 10–30 cm hoch mit weißen Blü-ten im (Februar–)März/April. Die Blütenblattspitzen sind grünlich, bei der ssp. *carpaticum* gelblich punk-tiert (diese wird meist als *L. vernum* angeboten). Gute Nachbarn: *Pri-mula eliator,* Lungenkraut, *Scilla bi-folia.*

Stauden von A–Z

Melittis melissophyllum,
Immenblatt

1365/2235

In gras- und krautreichen Laubmischwäldern und Gebüschen fühlt
sich das Immenblatt wohl, am besten in mäßig frischen, kalkreichen,
locker-humosen Ton- und Lehmböden. Diese wärmeliebende Pflanze
wird 30–60 cm hoch und duftet
nach Honig. Die Blätter sind eiför-
mig und rauhhaarig; die Blüten, deren Farbe stark variiert (weiß mit
rosa oder lila Unterlippe, rosa mit
purpurner Unterlippe oder ganz
weiß) werden Mai/Juni gebildet. Leider ist das Immenblatt wenig verbreitet, ist aber unbedingt garten-
würdig, denn die Staude sieht das
ganze Jahr »sauber« aus; ein »Ord-
nungsheld« wie sich Karl Foerster
auszudrücken pflegte. Gute Nachbarn: Weiße Waldaster, Nesselkönig, Diptam, Blutstorchschnabel,
Wildrosen, *Pulmonaria angustifolia,*
Kleine Wiesenraute.

Omphalodes verna,
Waldgedenkemein

1251 ●–◐

Wächst in Laubwäldern auf frischen,
nährstoffhaltigen, humosen Böden.
Waldgedenkemein wird 10–25 cm
hoch mit eiförmigen Blättern und
himmelblauen Blüten im April/Mai
(bei 'Alba': weiß). Die Pflanze treibt
Ausläufer und bildet so rasch eine
dichte Decke unter Gehölzen; sie
überrennt dabei schwächere Stauden und ist deshalb nur für größere
Flächen geeignet. Gute Nachbarn:
Rodgersien, Funkien, große Farne,
starkwüchsige Elfenblumen, Tränendes Herz.

Phlox,
Flammenblume

☀–◐

In lichten Hochwäldern heimisch,
liebt Phlox feuchte, nährstoffreiche,
kalkarme, humose Lehmböden.
Gute Nachbarn: Herzblume, Schat-

Melittis melissophyllum

Phlox stolonifera wächst in Nordamerika.

purpurrote, in endständigen Doldentrauben sitzende Blüten (April bis Juni) an aufrechten Trieben. Sie wächst mit kriechenden, sterilen Trieben flächendeckend. Auslesen: 'Ariane', Blüte leuchtend reinweiß. 'Blue Ridge', Blüte heliotropfarben. 'Pink Ridge', Blüte hellrosa.

Podophyllum, Maiapfel

1245 ● – ◐

tensegge, *Jeffersonia diphylla, Erythronium revolutum, Trillium grandiflorum.*

P. divaricata 1253 : An der 20 bis 35 cm hohen Staude wachsen an sterilen Trieben elliptische, an Blütentrieben eirunde bis lanzettliche Blätter. Die hellvioletten bis hellpurpurnen Blüten mit tief eingeschnittenen Blütenblättern erscheinen im Mai/Juni. Die Pflanze ist mit kriechenden, wurzelnden Trieben ausgestattet, an denen sich auch die Blütentriebe bilden. Sie stirbt bei Trockenheit, deshalb unbedingt feucht halten.
– ssp. *laphamii:* Boden frisch bis feucht. Blütenblätter rund, ungekerbt, lavendelblau.

P. stolonifera 1232 : Die 10 cm, in Blüte 25 cm hohe Pflanze hat spatenförmige, immergrüne Blätter und

Der kühleliebende Maiapfel gedeiht auf frischen bis feuchten, nährstoffreichen, humosen Lehmböden. Die Blüten bilden sich an den Enden aufrechter, langgestielter Triebe.

Podophyllum hexandrum 'Majus'

Stauden von A–Z

P. hexandrum *(P. emodi):* Höhe 50–80 cm, Blatt im Austrieb bronzefarben, schildförmig; Blüte V, hellrosa bis weiß, einzeln; Früchte rot, wie eine Eiertomate. Die Auslese 'Major' in allen Teilen größer und mit im Jugendstadium rot marmorierten Blättern.

P. peltatum: Höhe 30–60 cm; Blatt grün; Blüte V, weiß, nickend; Früchte gelblich, duftend im IX; Pflanze mit Ausläufern.

> **Polygonatum,** Salomonsiegel
>
> – ◖

Bevorzugt frische, nährstoffreiche, lockere Lehmböden. Alle *Polygonatum*-Arten sind sich recht ähnlich im Aussehen, unterschiedlich aber in

Polygonatum lasianthum, Grüße aus Japan.

Höhe und Wüchsigkeit. Pflanzen mit kriechendem Rhizom; der Trieb wächst zunächst aufrecht, später übergebogen; daran hängen (im Mai/Juni) die röhrenförmigen, weißen Blüten, die Früchte sind meist blauschwarze Beeren.

P. commutatum ⊡1243⊡ : Höhe 60 bis 170 cm; angeblich nicht immer echt in Kultur.

P. × **hybridum** 'Weihenstephan' ⊡1245⊡ : Höhe 60–90 cm.

P. multiflorum ⊡1244⊡ : Höhe 30 bis 60 cm.

P. lasianthum ⊡1244⊡ : Höhe 30 bis 55 cm. Leider noch kaum in Kultur, aber sehr dekorativ.

P. verticillatum, Quirlblättriger Salomonsiegel: Fällt aus dem Rahmen durch sein anderes Aussehen: Stengel aufrecht; Blätter in Quirlen zu 3 bis 7; Frucht zuerst rot, später schwarzblau.

> **Primula,**
> Primel, Schlüsselblume

Daß die Botaniker die Primeln in verschiedene Verwandschaftsgruppen einteilen, braucht hier nicht zu interessieren. Wichtig zu wissen ist nur, daß das Erscheinungsbild sehr

Primula elatior, die große Schlüsselblume.

vielgestaltig ist. Sie besiedeln ganz unterschiedliche Lebensbereiche, weshalb hier nur die Waldarten genannt sind. Alle formen eine Blattrosette, aus deren Mitte Blütenstengel treiben.

P. elatior, Große Schlüsselblume ●–☀ (–○) 1354 : In Laubwäldern und auf Bergwiesen. Frische bis feuchte, N+, humose Lehmböden. Höhe 8–20 cm; Blüte II–IV, hellgelb, in langgestielten Dolden.

Die nachfolgenden Arten gehören alle zu einer Gruppe. Sie sind sich recht ähnlich, weshalb es eigentlich egal ist, welche Art wir pflanzen, zumal die Arten häufig nicht mehr echt angeboten werden. ☀–◑ 1264/2244 : Frische, N+, lockere Humusböden. Höhe 15–30 cm; Blatt behaart; Blüte IV–V, in langgestielten Blütenständen.

P. cortusoides: Blüte rosa. Oft erhält man *P. saxatilis* unter diesem Namen.

P. heucherifolia: Blüte malvenfarben bis tiefpurpurn.

P. polyneura: Blüte rosarot mit gelblichem Auge.

P. saxatilis: Blüte rosaviolett.

Pulmonaria, Lungenkraut

●–◑

In Laub- und Nadelmischwäldern, auf frischen, nährstoffhaltigen, humosen Lehm- und Tonböden heimisch. Flächendeckende Blattstauden, deren Blüten aber auch nicht zu verachten sind. Die Bienen wissen sie zu schätzen.

Pulmonaria angustifolia 'Azurea'

Stauden von A–Z

P. officinalis, Echtes Lungenkraut
[1252]: Höhe 15–30 cm; Blatt rauhhaarig, oft hell gefleckt; Blüte III–IV, erst rosarot, später violett werdend, bei 'Alba' weiß. Selbstaussaat.

P. rubra, Karpatenlungenkraut
[1262]: Höhe 15–30 cm; Blatt hellgrün, ungefleckt, weich behaart; Blüte III–IV, ziegelrot. Wuchs etwas lockerer.

P. saccharata, Spanisches Lungenkraut [1262]: Höhe 10–30 cm; Blatt immer mit großen, weißen, ineinanderlaufenden Flecken; Blüte IV/V, violett. Farbsorten: 'Mrs Moon' Blatt besonders schön silbrig gefleckt; Blüte rötlichblau. 'Pink Dawn', Höhe 20–25 cm; Blüte rosa. 'Alba' und 'Sissinghurst White', Blüte weiß. 'Mawson', Blüte reinblau.

Rodgersia pinnata

Rodgersia, Schaublatt

[1255]

Frische bis mäßig feuchte, nährstoffreiche humose Lehmböden. Alle Arten ähneln sich stark, die dekorativen Stauden wachsen langsam aber stetig bis zu 90 cm hohen Blatthorsten mit derben, geteilten dunkelgrünen Blättern. Schön wirken sie an Teichufern, doch dürfen sie auf keinen Falln naß stehen. Im Juni/Juli entwickeln sich prächtige, bis 140 cm hohe Triebe mit kleinen weißen Blüten. Nachbarn: Astilben, Eisenhut, Herbstanemonen, Farne, Waldglockenblumen, Silberkerzen. Bei optimalem Stand wahre »Ordnungshelden«.

R. aesculifolia, R. pinnata, R. purdomii, R. podophylla: Höhe bis 160 cm, Blüte weiß.

R. henrici (= R. podophylla 'Superba'): Höhe bis 160 cm; Blüte hellrosa.

R. sambucifolia: Höhe 70–100 cm; Blüte weiß.

Lebensbereich Gehölz

Steinbrech benötigt frische, humose, lehmige Böden.

S. × **urbium** (*S. spathularis* × *S. umbrosa,* im Handel als *Saxifraga umbrosa*), Porzellanblümchen: Blatt verkehrt-eiförmig bis spatelig, dunkelgrün; Blüte V–VII, weiß mit rötlicher Mitte. Auslese: 'Elliott' Wuchs kompakt; Pflanze zierlicher und reichblühend; Blüte rosa. Gute Nachbarn: Nelkenwurz, nicht zu hohe Farne, kleine Schattengräser, Scheinanemone, *Jeffersonia.*

S. cortusifolia var. **fortunei,** Oktobersteinbrech: Aus dem 15 cm hohen Horst rundlicher bis nierenförmiger, oben bräunlichgrüner, unten rötlicher Blätter entsteigen im IX die weißen, zierlichen Blüten. Frostgefährdet! Deshalb geschützten

Saxifraga umbrosa, gerne mit Steinen.

Sax. cortusifolia var. *fortunei* – aus Japan.

Standort wählen; in Haus- und Wegnähe. Gute Nachbarn: Japanwaldgras, *Hosta tardiflora,* herbstbunte Gehölze.

Allesamt Zwiebelpflanzen, die gut verwildern, wenn ihr Standort ungestört bleibt.

S. hispanica, Spanisches Hasenglöckchen (heißt jetzt richtig: *Hyacinthoides hispanica*) ☼ – ◐
1266/2246 : Frische, N +, humose Lehmböden. Höhe 20–30 cm, Blüte V, meist blau, hängend, glockig, in pyramidalen Trauben.
Farbsorten: 'Excelsior', Blüte tief lavendelblau. 'Myosotis', Blüte rein-

Stauden von A–Z

blau. 'Queen of the Pinks', Blüte tiefrosa. 'Rosabella', Blüte rosa. 'Skyblue', Blüte dunkelblau, spät. 'White Triumphator', Blüte weiß.

S. non-scripta, Hasenglöckchen (korrekter Name: *Hyacinthoides non-scripta*) ●–◐ 1356/2246 : Frische, N+, K–, humose Lehmböden. Höhe 15–35 cm; Blüte IV–V, dunkelblau, mehr röhrenförmig als bei *S. hispanica,* in einseits wendiger, überhängender Traube. Gute Nachbarn: entweder *Rhododendron luteum* (köstlich duftend!), Japanwaldmohn und gelbe Primeln oder *Rhododendron vaseyi* und *R. prinophyllum* mit *Epimedium × youngianum* 'Roseum', *Anemone blanda* 'White Splendour', rosa Bergenien.

Synthiris,
Frühlingsschellenblume

1254 ●–☀

Liebt frische bis feuchte, humose Böden. Aus dem 10 cm hohen Horst derber Blätter treiben im März/April die mit blauen Blüten besetzten bis 20 cm hohen Blütentriebe.

S. missurica, S. reniformis, S. stellata: Alle recht ähnlich. Gute Nachbarn: Amuradonisröschen, *Anemone blanda* 'White Splendour'. Wegen der frühen Blüte sollten Sie frostgeschützten Standort in Weg- und Hausnähe wählen.

Hyacinthoides non-scripta

Synthiris missurica

Lebensbereich Gehölz

Thalictrum dipterocarpum

1234 ☀ – ◐

Frische, nährstoffreiche, aber kalkarme, humose Lehmböden sagen
dieser 120–200 cm hohen Staude
zu. Ihre Blätter sind oben hellgrün,
unten bläulich; die Blüten (Juli/
August) rosaviolett, bei 'Alba' weiß.
Wegen der Größe ist *Thalictrum*
nicht immer standfest, braucht daher Anlehnung an Gehölze. Besonders prächtig wirkend vor oder zwischen Nadelgehölzen.

Thalictrum dipterocarpum

Tiarella, Schaumblüte

● – ◐

Frische bis feuchte, nährstoffreiche,
humose, lockere Böden.

T. cordifolia 1252 : Höhe 15 bis
30 cm; Blatt frischgrün, glänzend,
5lappig; Blüte IV–V, weiß. Die
Pflanze bedeckt mit beblätterten,
oberirdischen Ausläufern rasch den
Boden. Gute Nachbarn: Keine niedrigen und schwachwüchsigen; Rodgersien, Silberkerzen, Herbstanemonen.

Tiarella cordifolia

T. wherryi 1254 : Höhe 15–30 cm;
Blatt smaragdgrün, 3lappig, Herbst-
färbung rötlich; Blüte V–VII, Nach-
blüte bis X, weiß. Gute Nachbarn:
Etagenprimeln, Herzblume, Farne,
Christophskraut, Schirmblatt,
Maiapfel, Astilben, Herbstanemone,
Rhododendren.

Stauden von A–Z

Immergrün kommt wild in Laubwäldern und Gebüschen vor und benötigt mäßig trockene bis frische, nährstoffreiche Ton- und Lehmböden. Die nur 8–12 cm hohe Pflanze wächst mit langen, dem Boden aufliegenden und wurzelnden Trieben. Sie hat wintergrüne, lederartige Blätter und hellblaue Blüten von April bis Juni. Verschiedene Farbsorten sind im Handel erhältlich.

Waldsteinia, Ungarwurz

1312 ● – ◐

Mäßig trockene bis frische, nährstoffreiche, humose Böden sagen der *Waldsteinia* zu.

W. geoides, Horstige Ungarwurz: Höhe 15–30 cm; Blüte IV–VI, gelb. Gute Nachbarn: Immergrün, Waldgedenkemein, *Epimedium × rubrum,* Salomonsiegel, Waldmeister, Waldglockenblumen.

W. ternata, Teppich-Ungarwurz: Höhe 5–12 cm; Blatt wintergrün, ledrig; Blüte IV–V, gelb. Gute Nachbarn: Kaukasusvergißmeinnicht, Herzblume, Hasenglöckchen, rote Zierquitten, Felsenbirne.

Schattengräser

Carex, Segge

1314 ● – ◐

C. umbrosa, Schattensegge: Sie braucht frische, kalkarme, humose Lehm- und Tonböden. 20–35 cm hoch werdend, mit wintergrünen Blättern. Blüte IV–V. Schattenseggen bilden einen schönen grünen Teppich für allerlei Blütenvolk.

C. plantaginea, Breitblattsegge: Frische, kalkarme, humose Böden benötigt die 15–25 cm hohe Breitblattsegge, Blätter immergrün, 2,5 cm breit, frischgrün. Blüte V. Gute Nachbarn: Rhododendron und andere Moorbeetpflanzen, Krötenlilie, *Phlox stolonifera* und *P. divaricata.*

Carex umbrosa – ein Laubwaldbewohner.

64

Lebensbereich Gehölz

Hakonechloa macra,
Japanwaldgras

1234 ☼ – ◖

Dieses wärmeliebende Gras braucht frische bis feuchte Böden. Es wird mit seinen hellgrünen, linearen Blättern 30–45 cm hoch. Blüte August/September. Die Pflanzen bilden mit ihren kurzen Ausläufern einen lockeren, horstähnlichen Bestand und sind für besondere Plätze mit anderen kostbaren Pflanzenschätzen geeignet.

Luzula, Hainsimse, Marbel

L. nivea, Schneemarbel ● – ◖
1364/2234 : In Laub- und Nadelmischwäldern auf mäßig frischen, kalkarmen, humosen Lehmböden. Das Gras wird 35 cm, in Blüte 60 cm hoch mit immergrünen, am Rande stark weiß gewimperten Blättern, die 4 mm breit sind. Die Blüte von Juni bis August ist weiß. Gute Nachbarn: Bergkiefern, alpine Zwergrhododendren, andere Bergwaldstauden.

L. sylvatica, Waldmarbel ● – ◖
1351 : In Laub- und Nadelwäldern; möglichst luftfeucht. Schutz vor Wintersonne! Frische, humose Lehmböden. Höhe 30–70 cm; Blatt wintergrün, schwach behaart, glänzend dunkelgrün; Blüte IV–V, braun; Pflanzen durch kurze Ausläufer mattenbildend.
Auslesen: 'Farnfreund', Pflanze zierlicher und kompakt. 'Hohe Tatra', Blatt breit, frischgrün, stark bewimpert. 'Tauernpaß', Blatt breit, frischgrün; Höhe 15–25 cm.

Farne

Adiantum pedatum,
Pfauenradfarn

1215 ● – ☼

Frischen bis feuchten, humosen Boden bevorzugt dieser 40–60 cm hohe Farn. Die fächerförmigen Wedel stehen auf schwarzem, drahtigem Stiel, der in zwei horizontale Äste gegabelt ist. Sie sind hellgrün,

Adiantum pedatum

Stauden von A–Z

im Herbst goldgelb. Das Rhizom ist nur schwach kriechend. An vor Spätfrösten geschützten Standorten, zusammen mit anderen Blütenschätzen pflanzen.

Athyrium niponicum 'Metallicum', Brokatfarn

1234 ●–☀

Frische, kalkarme, humose Böden sagen dem in lichten Wäldern wachsenden Farn zu. Er wird 40 cm hoch. Die doppelt gefiederten Wedel sind mattgrün bis metallisch grau mit rötlichpurpur gefärbten Rippen und Adern. Der kriechende, mehrköpfige Wurzelstock bringt die Wedel hervor, die unregelmäßig, büschelig angeordnet sind und keinen Trichter bilden. Ein Farn für besondere Plätze!

Athyrium niponicum 'Metallicum'

Dryopteris, Wurmfarn

●–☀

Frische bis feuchte, humose Böden.

D. affinis *(D. borreri, D. pseudomas),* Goldschuppenfarn 1354 : In Bergmischwäldern. Höhe 100–150 cm; Wedel ledrig, dunkelgrün, wintergrün, doppelt gefiedert.

D. erythrosora, Rotschleierfarn 1244 : In Berg- und Gebirgswäldern. Höhe 30–40 cm; Wedel im Austrieb rötlich-bronzefarben, später dunkelgrün, 2fach gefiedert, keinen Trichter bildend; Rhizom kriechend.

D. filix-mas, Männlicher Wurmfarn: In krautreichen Laub- und Nadelwäldern, auch im Hochstaudengebüsch

Dryopteris affinis – eine heimische Farngestalt.

Lebensbereich Gehölz

oder auf Bergweiden. Höhe 50 bis 120 cm; Wedel einfach gefiedert, oberseits dunkelgrün, unten heller, derb.
'Barnesii', Steiler Wurmfarn: Höhe 90–110 cm; Wedel straff aufrecht, schmäler als bei der Art.

Polystichum, Schildfarn

●—☀

Frische bis feuchte, nährstoffreiche, kalkarme, humose Lehmböden.

P. aculeatum *(P. lobatum),* Glanzschildfarn 1235 : In Schluchtwäldern an steilen Hängen. Höhe 50–80 cm; Wedel wintergrün, doppelt gefiedert, lederartig, oberseits glänzend.

P. polyblepharum, Lackschildfarn 1244 : Höhe 40–60 cm; Wedel lackglänzend, wintergrün, dunkelgrün, doppelt gefiedert, bogig breitwachsend. Winterschutz durch Laub ist angebracht; für spätfrostsichere Plätze.

P. setiferum, Weicher Schildfarn 1354 : In Bergmischwäldern. Höhe 60–90 cm; Wedel 2fach gefiedert, mattgrün, weich glanzlos. Die Art wird selten angeboten, dafür um so mehr die zahlreichen Auslesen: 'Proliferum' (Brutwedel-Schildfarn), Wedel wintergrün und schmaler;

Höhe 30–50 cm. 'Proliferum Dahlem', Höhe 60–80 cm; Wedel wintergrün, dunkelgrün, 3fach gefiedert. 'Proliferum Herrenhausen', Höhe 40 cm; Wedel 2–3fach gefiedert, dunkelgrün; sehr breit wachsend. 'Proliferum Wollastonii', Höhe 50–70 cm; Wedel sehr fein; soll oft falsch im Handel sein. 'Plumosum Densum', Höhe 30–50 cm; Wedel mehrfach gefiedert, sehr filigran, daher der Name Flaumfederfiligranfarn.

Thelypteris, Lappenfarn

●—☀

T. decursivepinnata, Tausendfüßlerfarn 1234 : An felsigen Abhängen in Bergwäldern in mäßig trockenen bis feuchten, humosen Böden. Höhe 30–45 cm; Wedel hellgrün, weich, einfach gefiedert mit tief fiederschnittigen Abschnitten, keinen Trichter bildend, Herbstfärbung gelblichweiß; Rhizom kriechend.

T. phegopteris, Buchenfarn 1352 : In kraut- und farnreichen Laub- oder Nadelmischwäldern. Frische, nährstoffreiche, kalkarme, humose, lockere Lehmböden. Höhe 10–35 cm; Wedel behaart, dreieckig, einfach gefiedert, einzeln aus kriechendem Rhizom. Wuchert mäßig, deshalb Standort mit Bedacht wählen.

Stauden von A–Z

Gehölzrand

Da jedes Gehölz nur eine begrenzte Fläche bedeckt, gibt es immer einen Gehölzrand. Gemeint ist die Zone zwischen den Bäumen bzw. Sträuchern und der angrenzenden, gehölzfreien Fläche. Nicht immer ist dieser Bereich leicht erkennbar, vor allem wenn dem Saum der Platz genommen wird. Dies ist der Fall, wenn bis an die Gehölze heran gemäht oder geackert wird.
Ein natürlicher Wald aus hohen Bäumen hört nicht einfach auf. In der Regel bildet sich unter den Randbäumen ein Waldmantel aus Sträuchern – die gleichen Straucharten bilden natürliche Hecken. Naturgewachsene Hecken sind also nichts anderes als ein Waldmantel ohne Wald. Folglich wachsen im Saum eines Waldmantels die gleichen Arten wie bei einer Feldhecke. Die Saumgesellschaften bestehen nur aus Stauden.
Da es in vielen Gärten freiwachsende Hecken gibt, sollte der Lebensbereich Gehölzrand nicht vergessen werden. Also, nicht den Rasen bis an die Sträucher heranziehen, sondern einen genügend breiten Streifen (Breitenwachstum der Sträucher bedenken!) für Saumstauden berücksichtigen.

Sonniger Gehölzrand
Frischer, humoser Lehmboden

Eingestreut:	*Crocus tommasinianus* 'Taplow Ruby' 10 cm, II–III
	Iris × *barb.-nana* 'Cherry Garden' 30 cm, IV–V
	Euphorbia polychroma 30 cm, IV–V
	Penstemon digitalis 20/60 cm, VII–VIII
	Allium sphaerocephalon 60 cm, VII–VIII
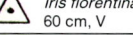	*Origanum* 'Herrenhausen' 40 cm, VII–IX
	Patrinia triloba 30 cm, V–VII
	Knautia macedonica 50 cm, VII–X
	Solidago caesia 50 cm, VIII–X
	Pulsatilla vulgaris 'Röde Klökke' 25 cm, IV–V
	Iris florentina 60 cm, V
	Helichrysum 'Schwefelblüte' 25 cm, VII–IX
	Carex montana 25 cm, III–IV

Gehölze:

CL:	*Clematis viticella* 'Royal Velour' bis 2,5 m, VII–IX
CHI:	Englische Rose 'Chianti' 150 cm, VI–VII
SQU:	Englische Rose 'The Squire' 120 cm, VI–IX
TUS:	*Rosa gallica* 'Tuscany' 120 cm, VI–VII

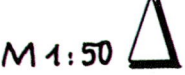

M 1:50

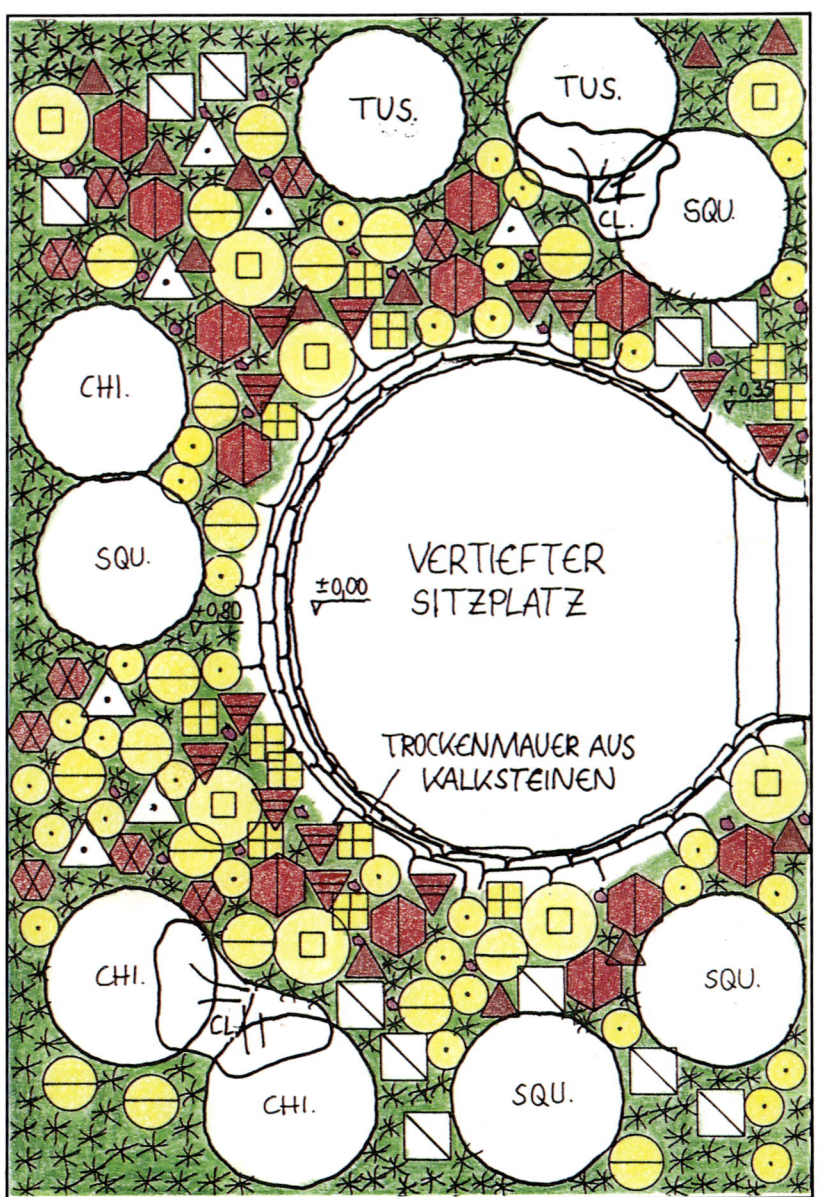

Stauden von A–Z

Schattiger Gehölzrand, Schlagschatten

Frischer, neutraler, humoser, auch sandiger Lehmboden

Einge-streut:	*Eranthis cilicica* 8 cm, III		*Bergenia* 'Frau Holle' 30 cm, IV–V
Einge-streut:	*Galanthus ikariae* ssp. *latifolius* 12 cm, III		*Bergenia* 'Vorfrühling' 30 cm, IV
Einge-streut:	*Scilla campanulata* 'Blue Giant' 25 cm, IV–V		*Viola sororia* 'Freckles' 15 cm, IV–V
			Aconitum septentrionale 'Ivorine' 50 cm, V–VI
			Geranium × *cantabrigiense* 'Biokovo' 25 cm, V–VI

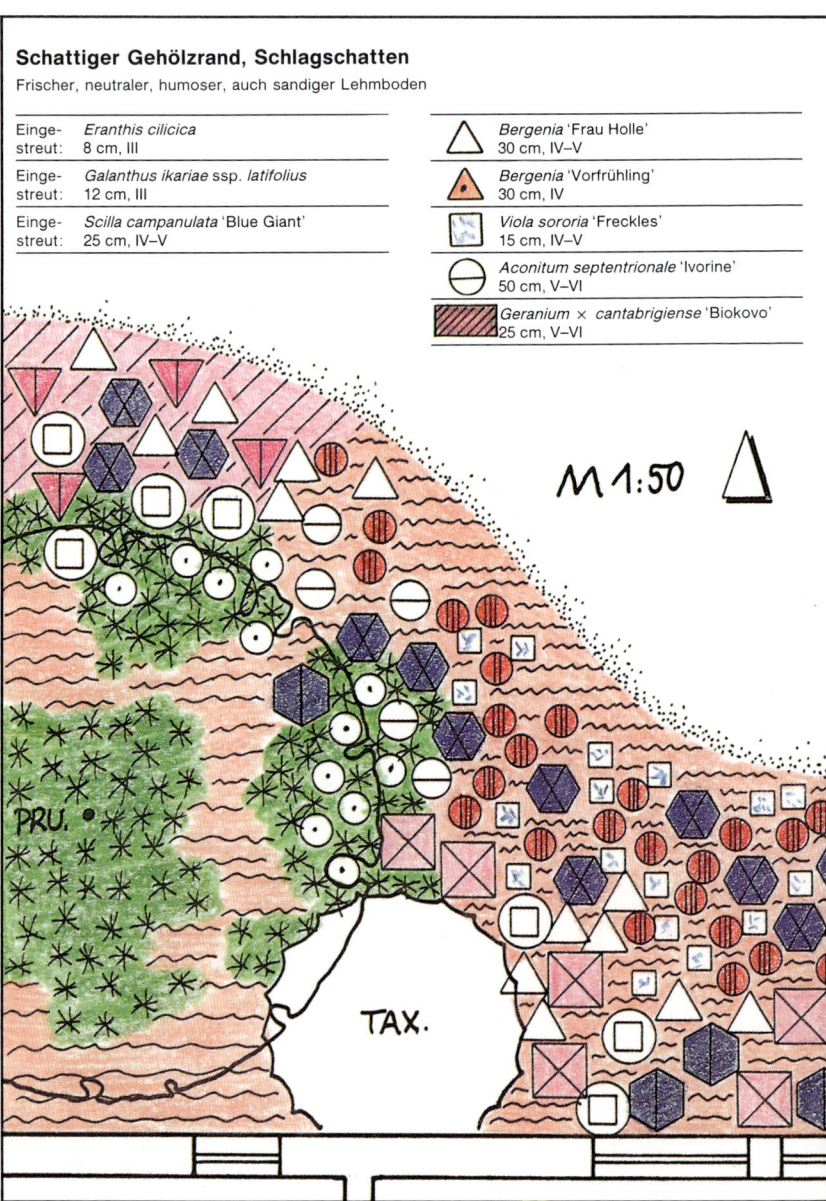

M 1:50

PRU.

TAX.

70

Lebensbereich Gehölzrand

 Primula japonica 'Miller's Crimson'
60 cm, V–VII

Campanula lactiflora 'Prichard'
50 cm, VII–VIII

Saxifraga stolonifera 'Cuscutiformis'
10/35 cm, VII

Lysimachia clethroides
80 cm, VII–VIII

Anemone hupeh. 'Septembercharme'
60 cm, VIII–IX

Astilbe chinensis 'Spätsommer'
40 cm, VIII–IX

Aconitum carm. var. × *arendsii*
100 cm, IX–X

 Saxifraga cortusifolia var. *fortunei*
25 cm, IX–X

 Carex umbrosa
20 cm, IV–V

Dicentra formosa 'Bountiful'
25 cm, VII–VIII

Gehölze:

PRU:	*Prunus* × *yedoensis* 8–10 m, IV	
STE:	*Stewartia pseudocamellia* 5–7 m, VII–VIII	
TAX:	*Taxus* × *media* 'Hicksii' 3–4 m, IX	

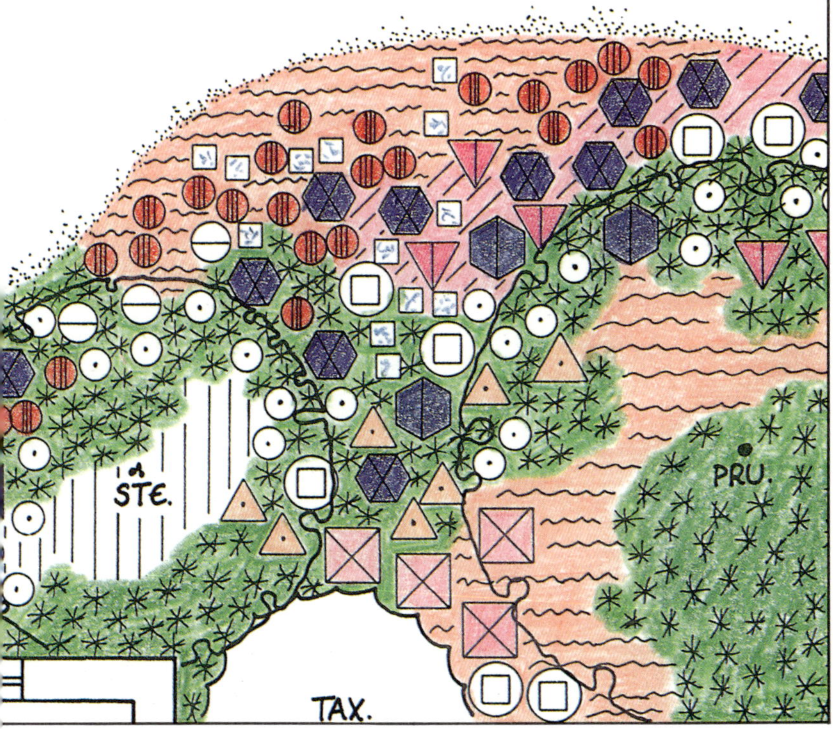

STE.

PRU.

TAX.

Stauden von A–Z

Das Amuradonisröschen fühlt sich unter lichtem Gebüsch oder an schattigen Hängen wohl. Zum guten Gedeihen braucht es frische bis feuchte, kalkarme Laubhumusböden. Diese 15–25 cm hoch werdende Staude besitzt fein gegliederte mattgrüne Blätter, die Ende Juni einziehen. Die Blüte im (Februar bis) März ist goldgelb. Gute Nachbarn: Schneeglöckchen, Frühlingsschellenblume, *Scilla bifolia, Carex umbrosa.*

Unten: *Adonis amurensis*
Rechts: *Ajuga reptans* 'Schneekerze'

Auf Wiesen und in artenreichen Wäldern findet sich der Kriechende Günsel ein, auf frischen, nährstoffreichen, humosen Lehmböden. Er wird nur 10 cm, in Blüte 25 cm hoch mit wintergrünen spatenförmigen Blättern, die etwas glänzen. Die Blüte im April bis Juni ist blau. Der Günsel ist mit beblätterten Ausläufern mattenbildend. Häufiger gepflanzt wird die rotlaubige Form, die aber nicht in natürliche Gestaltung paßt. Sehr wertvoll hingegen: 'Schneekerze', Blätter dunkelgrün; Blüten weiß; Pflanzen kompakt, reichblühend.

Lebensbereich Gehölzrand

In sonnigen Busch- und Kiefernwäldern und an Waldrändern kann man noch ab und zu das Große Windröschen finden. Es liebt sommerwarme Klimate, mäßig trockene und kalkhaltige, mild-humose, tiefgründige, sandige oder reine Löß- oder Lößlehmböden. Die Pflanze wird 20 bis 40 cm hoch. Die Grundblätter sind zottig behaart, und handförmig-fünfteilig. Im Mai/Juni erscheinen die reinweißen, duftenden Blüten. Windröschen breiten sich, besonders stark in milden Klimaten, durch Ausläufer aus und sind für natürliche Säume zusammen mit anderen heimischen Saumstauden gut geeignet.

Mäßig trockene bis frische, nährstoffhaltige, humose, lockere Lehmböden sagen der Akelei zu. Die Blüten an verzweigten Blütenstielen hängen hoch über dem Horst aus gefiederten Blättern.

A. caerulea: Höhe 30–50 cm; Blüte V–VI, blau, oft gelblich getönt.

A. canadensis: Für nährstoffarme Böden. Höhe 30–60 cm; Blüte V–VI, scharlachrot, oft mit gelb, Sporn hellrot.

A. chrysantha: Höhe 30–100 cm; Blüte V–VIII, hell- bis goldgelb; leider kaum mehr echt in Kultur.

A. longissima: Höhe 30–110 cm; Blüte einfarbig gelb, duftend.

A. vulgaris, Gewöhnliche Akelei: In krautreichen Laubmischwäldern, in Heckensäumen und Wiesen. Höhe 30–80 cm; Blüte V–VII, blauviolett, dunkelblau und andere Tönungen.

Aquilegia atrata – eine heimische Art der Bergwälder (und Krummholzzone).

Aster divaricatus aus Nordamerika.

Artemisia lactiflora – ein seltener Gartengast.

Aster divaricatus,
Weiße Waldaster

2224 ◐ — ○

In Wäldern und Dickichten auf mäßig trockenen bis frischen, sandigen Böden. Die 50–75 cm hohen, halbkugelig wachsenden Pflanzen blühen September/Oktober. Die Zungenblüten sind weiß, die Scheibenblüten braun.

Artemisia lactiflora,
Weißer Chinabeifuß

2145/6128 ○ — ◐

Artemisia gedeiht am besten in frischen, nährstoffreichen, sandiglehmigen Böden. Die straff aufrechte Staudengestalt ist mit Fiederblättern ausgestattet und wird 100–150 cm hoch. Die Blüten, milchweiß und duftend, erscheinen September/Oktober. An ungünstigsten Standorten ist die Pflanze allerdings anfällig für Mehltau und Rostpilze. Gute Nachbarn: Blaue Herbstastern, Polygonum amplexicaule.

Buphthalmum salicifolium,
Ochsenauge

2114 ◐ — ○

In Kalkmager-Rasen und -weiden, in Gebüschsäumen und lichten Wäldern und in trockenen Moorwiesen zu finden. Das Ochsenauge bevorzugt sommerwarme, mäßig trockene, kalkreiche, humose Lehm-

Lebensbereich Gehölzrand

Buphthalmum salicifolium

Campanula lactiflora

und Tonböden. Am Ende der aufrechten, bis 50 cm hohen, beblätterten Triebe bilden sich im Juni bis September margaritenähnliche gelbe Blüten. Gute Nachbarn: Großes Windröschen, Zittergras, Purpurginster, Spornblume, Knäuelglockenblumen.

Höhe 50 cm; Blüten amethystviolett. 'Pouffé', Höhe 35 cm; Blüten lichtblau.

C. persicifolia, Pfirsichblättrige Glockenblume ○ — ◐ $\boxed{2114}$: In lichten, krautreichen Wäldern, in Wald-

Campanula persicifolia 'Alba'

Campanula,
Glockenblume

C. lactiflora, Kaukasus-Waldglockenblume ◑—○ $\boxed{2140/6224}$: Frische bis feuchte, N +, humose Lehmböden. Die 100–190 cm hohen beblätterten Stengel tragen einen verzweigten Blütenstand, an dem von Juni bis August milchig-hellblaue bis lilablaue Blüten erscheinen. Selbstaussaat.
Auslesen: 'Alba', Höhe 90 cm; Blüten weiß. 'Loddon Anna', Höhe 90 cm; Blüten lilarosa. 'Prichard',

Stauden von A–Z

und Gebüschsäumen und an Wegrainen. Mäßig trockene, K +, humose, lockere Ton- und Lehmböden. Die z. T. wintergrünen, derben,
dunkelgrünen Blätter bilden einen
15 cm hohen Blatteppich. Im VI–VIII
streben daraus die Blütentriebe
dem Himmel entgegen, die blaue
oder weiße ('Alba') Blüten tragend.
Großblütige Auslesen unter dem
Namen 'Grandiflora' bzw. 'Grandiflora Alba'. Gute Nachbarn: Gelber
Fingerhut, Dreiblattspiere, Straußmargerite.

Chrysanthemum corymbosum

Chrysanthemum corymbosum,
Straußmargerite

2114 ◐–○

In lichten Eichenwäldern, an Wald-
und Heckenrändern, an warmen
Staudenhängen. Sommerwarme,
mäßig trockene, nährstoffreiche,
lockere, humose Lehm- und Lößböden. Die gefiederten Blätter bilden
einen 20 cm hohen Horst. Die Blüte
im Juni/Juli ist weiß, in endständigen Doldensträußen an bis 100 cm
langen Stielen. Gute Nachbarn: Katzenminze, Gräser, Blutstorchschnabel, Pfirsichblättrige Glockenblume,
halbhohe Gräser.

Chrysogonum virginianum,
Virginia-Goldkörbchen

2134 ◐–○

Mäßig trockene bis frische, humose
Lehmböden sagen dieser Staude
zu, sie sind auch als Vorpflanzung
von Staudenrabatten geeignet.
Allerdings sollten die Pflanzen
öfters aufgenommen und geteilt
werden. Das Goldkörbchen ist 25
bis 35 cm hoch mit herz- bis eiförmigen Blättern und goldgelben Blüten, die von Mai bis August blühen.
Gute Nachbarn: Katzenminze,
Schwingel, Hainsalbei, Straußmargerite, Knäuelglockenblume.

Lebensbereich Gehölzrand

C. heracleifolia var. davidiana
2135 : Frische, humose Böden.
Höhe 100–120 cm; Blatt dreiteilig,
groß, etwas filzig; Blüte indigoblau,
duftend. Triebe straff aufrecht
wachsend, aber nicht standfest.
Braucht Anlehnung an Gehölze
oder kräftige Stauden.

C. recta ○–◑ 2110 : Sommer-
warm. Trockene, N+, K+, humose
Lehm- und Tonböden. Höhe 100 bis
150 cm; Blatt unpaarig-gefiedert;
Blüte VII–VIII, weiß, klein, in endständigen Trugdolden. Die Auslese
'Grandiflora' mit größeren Blüten.

Ein Blütenstand von *Clematis recta*, der
Stauden-Waldrebe

Chrysogonum virginianum

C. autumnale, Herbstzeitlose ○–◑
2044 : In Wiesen und Auenwäldern. Feuchte, N+, tiefgründige,
humose Lehm- und Tonböden.
Höhe 15–20 cm; Blatt dunkelgrün,
erst im Frühjahr erscheinend, einen
Trichter bildend, in dessen Mitte die
Samenkapsel sitzt; Blüte VIII–X,
blaßviolett, bei 'Alba' weiß.
Alle weiteren Arten: Mäßig sommertrockene, N+, humose Böden.

C. agrippinum ○(–◑) 2114/3130 :
Wahrscheinlich eine alte Hybride
zwischen *C. autumnale* und *C. speciosum*. Höhe 10–15 cm; Blüte VIII–
IX, lila, schachbrettartig dunkel genetzt.

Stauden von A–Z

Colchicum byzantinum

Dianthus seguieri ssp. *glaber*

C. byzantinum ○(– ◐) 2114/3130 : Höhe 10–20 cm; Blüte VIII–IX, lila-rosa.

C. speciosum ○(– ◐) 2114/3130 : Höhe 25–30 cm; Blüte IX, lila auf weißem Grund, bei 'Alba' weiß. Alte Exemplare können bis zu 50 (!) Blüten hervorbringen.
– var. *bornmuelleri* Höhe 20–30 cm; Blüte VIII, rosalila mit weißer Mitte, die Sorte 'Magnificum.' dunkler.

mit einem Ring purpurroter Punkte. Gute Nachbarn: Schafschwingel, Katzenpfötchen, Besenheide, *Genista saggitalis*.

D. superbus ssp. ***autumnalis,*** Herbst-Prachtnelke ◐ 2234 : In lichten Eichenwäldern. Mäßig trockene, K –, humose Ton- und Lehmböden. Höhe 50–80 cm; Blüte VIII–X, rosaweiß, duftend. In einen Gräserteppich pflanzen.

Dianthus, Nelke

D. seguieri, Buschnelke ○ – ◐ 2224/2124 : In Magerrasen und -weiden, an Gebüschsäumen. Mäßig frische, K –, humose Lehm- und Tonböden. Höhe 30–50 cm. Blüte VII–VIII(–IX), rosarot, am Schlund

Dictamnus albus (= *D. fraxinella*) Diptam, Brennender Busch

2115 ◐ – ○

Der Diptam wächst in Gebüschsäumen, an Felshängen und auch in Trockenwäldern. Es ist eine wärmeliebende Staude, die nährstoffarme kalkreiche, trockene, lockere, humose Stein- oder Kiesböden benötigt. Wird 60–100 cm hoch, mit Blüten im Mai/Juni, die, meist rosa mit dunkleren Adern, bei 'Albus' weiß, bei 'Purpureus' mehr rot, in endständigen Trauben sitzen. Die Pflanzen sind stark aromatisch duftend (zitronen-zimtartig), vor allem bei schwülwarmen Wetter. Langlebig (Titelbild).

D. grandiflora (D. ambigua), Großblütiger Gelber Fingerhut

| 2234/2236 | ○ – ◑ |

In grasigen Staudenfluren, Waldverlichtungen, -schlägen und -rändern findet man den Großblütigen Fingerhut auf sommerwarmen, frischen,

Digitalis grandiflora

mäßig humosen Lehmböden. Höhe 15–100 cm. Die Blüte im Juni bis August ist blaßgelb, innen braun genetzt, in lockerblütiger, einseitswendiger Traube.

Eranthis, Winterling

◑

Frische nährstoffreiche, humose, lockere Lehmböden sagen dem nur 5–8 cm hohen Winterling zu. Der Wurzelstock ist knollig und die Stengel enden in Rosetten handförmig geteilter Blätter und sitzender, endständig gelber Blüten. Reiche Selbstaussaat.

E. cilicica | 2236 |: Blüte III. Sich weniger stark ausbreitend.

E. hyemalis | 2246 |: Blüte II–III.

Eupatorium rugosum, Nesselblatt-Dost

| 2244/6224 | ◑ |

Das nordamerikanische *Eupatorium rugosum* gedeiht in krautreichen Wäldern auf frischen (bis feuchten), nährstoffreichen, humosen Lehmböden. Die 60–140 cm hohe Pflanze mit den Brennessel-ähnlichen Blättern treibt im August/September

Stauden von A–Z

Eupatorium rugosum

Filipendula palmata 'Nana'

weiße Blüten. Gute Nachbarn:
Herbstanemonen, Waldastern,
Farne, Gräser, Jakobsleiter, *Geranium sylvaticum* in Sorten.

Filipendula palmata 'Nana'
(= *F. digitata* 'Nana'), Mädesüß

 2244 ◑

Feuchte, nährstoffreiche, humose
Lehmböden sagen dem Mädesüß
zu. Er wird 20–40 cm hoch mit Blüten, die im Juli/August in Tiefrosa
erscheinen. Gute Nachbarn: Jakobsleiter, *Lamium maculatum* 'Roseum', Schneefelberich, *Primula japonica* 'Alba'.

Geranium, Storchschnabel

◑ – ○

Frische bis feuchte, nährstoffreiche, humose Lehm- und Tonböden.

G. endressii, Pyrenäen-Storchschnabel 2233 : Höhe 35–55 cm;
Blätter in milden Lagen wintergrün,
frischgrüne Färbung, tief 5lappig
eingeschnitten; Blüte V–VIII.
Sorten: 'A. T. Johnson', Höhe
30 cm; Blüte silberrosa. 'Crimson
Beauty', Blüte karminrot. 'Rose
Clair', Blüte dunkelrosa mit weißen
Adern. 'Wargrave Pink', Blüte dunkelrosa, Höhe 30 cm. Alle sehr

wüchsig; schwache Nachbarn er-
stickend.

G. himalayense, (*G. grandiflorum,*
'Alpinum'), Sikkim-Storchschnabel
2243 : Höhe 20–30 cm; Blatt tief in
5 Segmente geteilt; Blüte V–VI,
blau, violett getönt, hell geadert;
Pflanzen mit kurzen Rhizomen.
Sorten: 'Gravetye', Blüte hellblau
mit purpurnem Schein. 'Johnson's
Blue', Höhe 40–50 cm; Blüte hellviolett.

G. macrorrhizum, Felsen-
Storchschnabel 2231 : Boden K + ;
Höhe 20–30 cm; Blatt im Umriß
rund, 5–7lappig tief geteilt, streng
aromatisch duftend (wie der Rest
der Pflanze); Herbstfärbung leuchtend rot und gelb; Blüte V–VII, rosarot, leicht nickend.
Sorten: 'Ingwersen', Blüte rosa! (im
Handel oft falsch mit violettrosa Blüten). 'Spessart', Blüte weiß. Alle
Sorten mit wintergrünen Blättern
und mit kriechenden Rhizomen,
bald dichte, unkrautfeindliche Be-
stände bildend.

G. × magnificum (*G. ibericum* ×
G. platypetalum; G. platypetalum
hort.), Pracht-Storchschnabel
2234/6214 : Höhe 35–70 cm;
Herbstfärbung rot und gelb; Blüte
VI–VII, leuchtend blauviolett, groß.

Oben: *Geranium × magnificum*
Mitte: *Geranium renardii* und *Melica nutans*
Unten: *Geranium sanguineum* 'Album'

Stauden von A–Z

G. renardii, Kaukasus-Storchschnabel 2134 : Höhe 25–35 cm; Blatt nierenförmig, samtig mit kreppartig würfeligem Adernetz, seicht 5lappig; Blüte V–VI, weiß, dicht purpurviolett geadert. An zusagenden Stellen Selbstaussaat.

G. sanguineum, Blutstorchschnabel 2112 : Im Saum sonniger Trockenbüsche und -wälder, auch in lichten Eichen- und Kiefernwälder und Staudenhalden. Sommerwarme, trockene, N−, K+, lockere, humose Lehm-, Löß- oder Kalksandböden. Höhe 15–25 cm; Blüte VI–VIII, leuchtend karminrot. Selbstaussaat.
Sorten: 'Album', Blüte weiß; Höhe 30–45 cm. 'Drake Strain', Blüte karminrosa; Höhe 20 cm. Daraus selektierte, besonders schöne und wertvolle Sorten: 'Aviemore', 'Jack Drake', 'Shepards Warning' und 'Silver Jubilee'.
'Lancastriense', Blüte hellrosa, rot geadert. 'Prostratum', Höhe 15 bis 20 cm; Blüte rosaweiß mit roter Aderung.

G. sylvaticum, Waldstorchschnabel ☼–◐ (−○) 2244 : In Hochstaudenfluren, Buschsäumen und Bergfettwiesen, kühleliebend. Frische bis feuchte, N+, humose Ton- und Lehmböden. Höhe 40–60 cm; Blüte VI–VII, lebhaft rotviolett. Sorten: 'Album', Blüte weiß. 'Mayflower', Blüte lichtblau. 'Meran', Blüte dunkelblau. 'Roseum', Blüte rosa.

G. wlassovianum, Sibirischer Storchschnabel 2234/2144 : Höhe 35–55 cm; Blatt matt dunkelgrün, Herbstfärbung erst gelb, dann rot, behaart, im Umriß rundlich; Blüte VII–VIII, blauviolett. Selbstaussaat. Fällt während der Blütezeit auseinander, deshalb Anlehnung an Gräser und andere Stauden gewähren.

Helleborus, Christrose
◐

Frische, nährstoff- und kalkreiche, humose Lehmböden.

H. foetidus, Palmwedel-Christrose 2215 : In Buschwäldern, im Gebüsch, in Säumen. Pflanzen bilden ein Stämmchen, Höhe 30–50 cm; Blatt wintergrün, fußförmig mit bis zu 11 Blattsegmenten, tief dunkelgrün; Blüte (II–)III–IV, hellgrün. Wintermild.

H. niger, Schwarze Nieswurz, Schneerose oder Christrose: In Buchenmisch- und Kiefernwäldern. Höhe 20–30 cm; Blatt wintergrün, fußförmig, dick und ledrig, 7–9teilig; Blüte witterungsabhängig XI–IV, meist III–IV, weiß. Sorten: 'Praecox' (Allerheiligen-Christrose), Blüte X–XI.
−− ssp. *macranthus:* Ähnlich der Art, doch Blatt mehr bläulich getönt und Blüte rosaweiß, in der Sorte

Lebensbereich Gehölzrand

Helleborus niger – eine geschützte Art.

'Altifolius' noch intensiver rosa gefärbt.

H.-Hybride 'Atrorubens': (weit verbreitet unter dem Namen *H. atrorubens*) Höhe 40–50 cm; Blatt frischgrün, glänzend; Blüte II–IV, purpurrot.

Hemerocallis, Taglilie

2144/7114 ◐ − ○

Die Taglilien brauchen frische bis mäßig feuchte, nährstoffreiche, humose Lehmböden. Die Blätter bilden einen nach allen Seiten überhängenden Horst, die Blüten sind trichterförmig und sitzen am Ende der gabelig verzweigten Stiele. Wurzelstock mit fleischigen, verdickten Wurzeln. Gute Nachbarn: Sibirische Schwertlilie, *Polygonum amplexicaule,* Trollblumen, Dreimasterblumen, *Veronica longifolia,* Hohes Pfeifengras, Rutenhirse, Bambus, Astern, Kreuzkraut, Gefleckte Taubnessel, Blaugraue Segge.

H. citrina: Meist erhält man unter dem Namen eine Hybride der Art mit *H. thunbergii,* deren Blüten größer sind. Höhe 50–120 cm; Blüte VI–VIII, hell zitronengelb, besonders abends und nachts stark nach Maiglöckchen duftend.

H. exaltata: Höhe 60–140 cm; Blüte VI–VII, hellorange, Tagblüher.

H. lilioasphodelus (= *H. flava*): gelegentlich in Auwiesen und Auwäldern verwildert. Höhe 40–80 cm; Blüte V, hellgelb, nach Orangenblüten duftend, glockig-trichterförmig; Pflanzen ausläufertreibend.

H. middendorfii: Höhe 30–50 cm; Blüte V–VI, remontierend im VIII, orangegelb, duftend.

Hemerocallis lilioasphodelus

Stauden von A–Z

H. minor: Höhe 35–45 cm; Blüte V–VI, zitronengelb, duftend.

H. thunbergii: Höhe 40–70 cm; Blüte VII–VIII, zitronengelb.

> **Hieracium × rubrum**
> **(H. aurantiacum × H. flagellare),**
> Orangerotes Habichtskraut
>
> 2132/3144 ○

Frische, nährstoff- und kalkarme, humose Lehmböden. Aus einem 5 cm hohen Teppich entsteigen grüne, dicht behaarte Blätter. Von Juni bis August erscheinen die dunkel orangefarbenen Blüten. Gute Nachbarn: Besenheide, Schafschwingel, Ginster, Kiefern, Katzenpfötchen, Thymian. Wächst zivilisierter als andere Arten.

Hieracium × rubrum

> **Laserpitium siler,**
> Berglaserkraut
>
> 2115 ○ – ◖

In Gehölzsäumen, in Eichen- und Kiefernwald-Verlichtungen und in Staudenhalden findet man das Berglaserkraut, welches mäßig trokkene, kalkreiche, humose Lehm- oder Steinböden bevorzugt. Es wird 50 cm, in Blüte 100 cm hoch und hat 3–4fach gefiederte, blaugrüne Blätter. Die weißen Blüten stehen in einer 25–40strahligen Dolde von Juni bis August. Selbstaussaat. Pflanzen gleich an den richtigen Platz setzen, da späteres Verpflanzen nicht mehr möglich ist. Gute Nachbarn: Diptam, Origanum, Blutstorchschnabel, Bergminze.

> **Knautia macedonica,**
> Blutrote Witwenblume
>
> 2134 ○

Liebt mäßig trockene bis frische, humose Lehmböden. Diese reichlich blühende Wildstaude für warme, sonnige Plätze wird 60–80 cm hoch. Die Blüten (Juni bis September) sind blutrot. Gute Nachbarn: *Allium spaerocephalon,* Goldbaldrian, *Centaurea orientalis, Solidago caesia, Penstemon laevigata, P. digitalis.*

Lebensbereich Gehölzrand

Laserpitium siler – eine heimische Art.

Ligularia dentata 'Desdemona'

Ligularia, Ligularie

2245/7115/6225 ○ – ◑

In Hochstaudenfluren oder Flußufer-
gesellschaften auf (frischen bis)
feuchten, nährstoffreichen, humosen Lehmböden zu finden.

L. dentata *(L. clivorum)* Sternligula-
rie: Höhe 60–125 cm; Blatt groß,
rundlich bis herzförmig, langgestielt; Blüte VIII–IX, orangegelb.

L. hodgsonii: Höhe 80 cm; Blatt
nierenförmig, langgestielt, scharf
gesägt; Blüte orange.

L. przewalskii: Höhe 40–160 cm;
Blatt tief handförmig eingebuchtet,
Lappen unregelmäßig eingeschnitten und zugespitzt, oben tief dunkelgrün, unten heller; Blüte VII–VIII,
gelb, in sehr schlanker, dichter
Ährenrispe. Stengel purpurn.

L. stenocephala: Höhe 50–180 cm;
Stengel rotbraun; Grundblätter
herz- bis pfeilförmig; Blüte VI–VIII,
gelb, in flaumig behaarter Traube.

Muscari, Traubenhyazinthe

2116/3336 ○ – ◑

Auf mäßig trockenen bis frischen,
meist kalkhaltigen, Lehm-, Löß- und
Tonböden kommen Traubenhyazin-
then vor. Sie dürfen die Zwiebeln
nicht an der Luft liegen lassen; so-
fort einpflanzen.

Stauden von A–Z

M. azurea (Hyazinthella azurea): Höhe 10 cm; Blatt lineal; Blüte (II)–III, himmelblau mit dunklem blauem Mittelstrich auf den Blütenblättern, klein, in einer Traube.

M. armeniacum: Höhe 15 cm; Blatt bereits im Herbst erscheinend (nicht entfernen!), schmal; Blüte IV–V, kobaltblau mit weißem Saum.

M. aucheri: Höhe 15 cm; Blüte mittelblau.

M. botryoides: In Bergwiesen und Magerrasen, auch in krautreichen Eichenwäldern. Höhe 15 cm; Blatt erst im Frühjahr erscheinend; Blüte IV–V, himmelblau, bei 'Alba' weiß.

M. latifolium: In lichten Kiefernwäldern. Höhe 30–40 cm; Blatt bis 2 cm breit, pro Zwiebel nur eins; Blüte V, obere hellblau, untere dunkelblau. Versamt sich kaum. Auch 4324 .

M. tuberganianum: Höhe 15 cm; Blüten leuchtend blau mit weißem Saum, obere heller.

Myrrhis odorata – eine selten gewordene Nutzpflanze

Pflanze mit ihren 2–3fach gefiederten, hellgrünen Blättern wird 70–120 cm hoch. Im Juni/Juli erscheinen weiße Blüten. Die ganze Pflanze riecht nach Anis, sie ist eine alte Heil- und Gewürz- sowie milchfördernde Futterpflanze. Gute Nachbarn: Eisenhut, Goldfelberich, Frauenmantel, Akelei, Kaukasus-Waldglockenblume, Waldstorchschnabel, Taglilien.

Myrrhis odorata, Süßdolde

2145 ◖–○

Die Süßdolde fühlt sich an Wald- und Heckenrändern wohl und braucht frische, nährstoffreiche und locker-humose Lehmböden. Die

---

Narcissus, Narzisse

2144/6224 ◖–○

Frische, nährstoffreiche, humose, sandige Lehmböden. Aus der Riesenschar der Narzissensorten sollten Sie die auswählen, die nicht zu

Narcissus poeticus 'Actaea'

N. pseudonarcissus ssp. **obvallaris,** Wilde Trompetennarzisse: Blüte kleiner als bei den Gartensorten, deshalb auch für Naturpartien. Blüte IV, goldgelb; Höhe 25 cm.

N. Cyclamineus-Hybriden: 'February Gold', Höhe 30 cm; Blüte III–IV, gelb. 'Dove Wings', Höhe 30 cm; Blüte III, weiß mit gelber Krone. 'Peeping Tom', Höhe 30 cm; Blüte III–IV, goldgelb; die vielleicht beste Sorte; über viele Wochen blühend.

große Blüten haben und die sich gut zum Verwildern eignen. Trompetennarzissen und vielleicht auch die Großkronigen Narzissen gehören nur ins Beet; die Kleinkronigen, Dichter- und Hybriden der Alpenveilchen-Narzissen hingegen passen auch gut in natürliche Gartenbereiche. Stehen sie in Wiesen oder Rasenflächen, dann erst mähen, wenn das Narzissenlaub gelb geworden ist.
Auf die Blütezeit achten! Frühe und spätblühende Arten zusammenpflanzen, das ergibt oft einen doppelt langen Narzissenflor am gleichen Platz!

N. poeticus 'Actaea': Blüte Ende V, weiß, Krönchen gelb mit rotem Saum; Höhe 40 cm. Ähnlich:
N. poeticus var. *recurvus*.

N. Cyclamineus-Hybride 'Dove Wings'

Paeonia, Pfingstrose

2135 ○(– ◑)

Paeonien brauchen einen frischen bis mäßig trockenen, nährstoffreichen und humosen Lehmboden. Für natürliche Gestaltungen eignen sich nur die ungefüllten Wildarten. Leider werden die nur selten angeboten, obwohl sie sehr schön sind. Sie haben 2–3teilige, derbe Blätter, schalenförmige Blüten und einen knolligen Wurzelstock. Pfingstrosen sind ausgesprochen langlebig, wollen aber ungestört am gleichen Platz verbleiben. Deshalb sollten Sie gleich zu Beginn den richtigen Standort wählen. Diese Stauden wachsen langsam, haben Sie Geduld mit ihnen! Obwohl keine ausgesprochene Solitärstauden, stehen sie wegen ihrer wuchtigen Gestalt besser alleine in einem Teppich aus Gräsern und Flächen-Stauden.

Paeonia officinalis – die Stammart der Bauerngarten-Pfingstrosen.

P. mascula: Höhe 70–90 cm; Blüte IV–V, purpurrot. Alte Klostergartenpflanze.

P. officinalis: Höhe 50–70 cm; Blüte IV–VI, (purpur-)rot. Urform der gefüllten Bauerngartenpfingstrosen.

P. mlokosewitschii: Nicht für schwere Böden; leidet dort in nassen Sommern. Will im Winter möglichst trocken stehen. Höhe 50–70 cm; Blüte V–VI, gelb.

Patrinia, Goldbaldrian

2134/4520 ○ – ◑

Auf frischen, humosen Lehmböden gedeiht der Goldbaldrian. Seine Blätter sind ungeteilt, die Blüten gelb. Gute Nachbarn: Graslilien, Blutrote Witwenblume, niedrige Gräser, *Potentilla atrosanguinea, Sedum cauticolum,* Japanskabiose.

P. gibbosa: Höhe 25–60 cm; Blüte VI–VIII.

P. triloba: Höhe 20–35 cm; Blüte VII–IX, duftend.

Lebensbereich Gehölzrand

Penstemon, Bartfaden

2134 ○–◑

Penstemon bevorzugt mäßig trockene bis frische, humose, eher kalkarme, sandige Böden.

P. digitalis: Höhe 70–130 cm; Stengel meist rötlich; Blüte VII–VIII, weiß bis hellrosa.

P. laevigatus: Sehr ähnlich wie obere Art. Höhe 60–100 cm; Blüte VI–VIII, purpurfarben-weißlich. Beide gesund und langlebig. Dankbare Saumstauden zusammen mit Blutroter Witwenblume.

Polemonium, Jakobsleiter

○–◑

Frische bis feuchte, kalk- und nährstoffhaltige, humose Ton- und Lehmböden.

P. caeruleum, Blaue Jakobsleiter
2146/6224 : In Feuchtwiesen und Gehölzsäumen, Höhe 20–100 cm; Blatt gefiedert; Blüte VI–VII, blau oder weiß, in Rispen.
– var. *himalayanum:* Blüte größer und dunkler (lilablau), V–VII, oft Nachblüte im Spätsommer. Gute Nachbarn: Taglilien, Trollblumen, Nelkenwurz.

P. reptans, Kriechende Jakobsleiter
2244 : In feuchten Wäldern und Wiesen. Höhe 15–30 cm; Blatt gefiedert; Blüte V–VI und VIII, hellblau; Pflanzen mit kriechendem Rhizom und gelegentlich Ausläufer treibend. Dazu einige Farbsorten: 'Album', Blüte weiß. 'Blue Pearl', Blüte lasurblau. 'Firnament', Blüte hellblau. 'Königssee', Blüte tiefblau. 'Pink Dawn', Blüte rosa. Leidet manchmal unter Schnecken. Gute Nachbarn: *Filipendula palmata* 'Nana', *Hemerocallis minor*, *Heuchera micrantha*.

Polygonatum odoratum, Duftender Salomonsiegel

2114 ○–◑

In Gebüschsäumen und lichten Wäldern findet man den Salomonssiegel in mäßig trockenen, kalkreichen, humosen, lockeren Stein-, Lehm- und Lößböden. Er wird 15–35 cm hoch mit weißen Blüten von Mai bis Juni und besitzt ein kriechendes Rhizom.

Polygonum, Knöterich

2144/6224 ○–◑

Frische bis feuchte, nährstoffreiche, humose Lehmböden sagen dem Knöterich zu.

Polygonium amplexicaule 'Atropurpureum'

Polygonum weyrichii, imposante Solitärgestalt.

P. amplexicaule, Kerzenknöterich: Höhe 80–100 cm; Blüte VIII–IX, leuchtend rot in langen schlanken Ähren. Farbsorten: 'Album', Blüte weiß. 'Atropurpureum', Blüte rubinrot. 'Speciosum' (= 'Firetail'), Blüte lachsrot. Gute Nachbarn: *Monarda didyma, Coreopsis tripteris,* Waldastern, Weißer Chinabeifuß, *Campanula lactiflora* 'Alba', Taglilien.

P. campanulatum, Glockenknöterich 2244 : Höhe 60–80 cm; Blüte glockig, rosa, VIII–IX, in aufrechten, büscheligen Trauben. Wertvoller als die Art ist:
– – var. *lichiangense:* Blüte weiß, VII–IX. Gute Nachbarn: Herbstakonit, Großblättrige Wucherblume, Waldglockenblumen, Weiße Bergenien, hellblaue oder weiße Storchschnäbel.

P. weyrichii 2145/6125 : Höhe 100–180 cm; Blüte VIII–IX, cremeweiß. Ausgesprochene Solitärstaude!

Alle genannten Arten wuchern nicht. Sie passen gut vor Gehölze oder aber ins Beet, auch ein (nicht nasser!) Platz am Teichrand bietet diesen Knöterricharten die richtige Bühne.

Potentilla alba,
Weißes Fingerkraut

2134 ○–◑

In lichten Wäldern und Gebüschsäumen, an Waldrändern beheimatet. Das Fingerkraut ist wärmeliebend und braucht mäßig trockene, humose Lehm- und Tonböden. Es wird 10–20 cm hoch mit meist fünfzähligen, gefingerten, unterseits silberweißen Grundblättern. Die Blüten (April bis Juni) sind weiß. Gute Nachbarn: Ästige Graslilie, *Aquilegia vulgaris, Helleborus cyclophyllus* und *H. foetidus,* Duftender Salomonsiegel.

Lebensbereich Gehölzrand

Primula, Primeln

2244/7124

Etagenprimeln: Je feuchter der Boden, desto sonniger wollen Etagenprimeln stehen. Frische bis feuchte, kalkarme, humose Lehmböden sagen ihnen zu.

P. beesiana: Höhe 50–70 cm; Blüte VI–VII, lilapurpurn bis rosakarmin.

P.× **bullesiana** (*P. beesiana × P. bulleyana*): Höhe 50–80 cm; Blüte VI–VIII, verschiedene Farben.

P. bulleyana: Höhe 50–70 cm; Blüte VI–VIII, orange-gelb bis rötlich-orange, duftend.

P. japonica: Höhe 50–70 cm; Blüte purpurrot. Farbsorten: 'Postford White' (= 'Alba'), Blüte weiß mit rotem Auge. 'Rosea', Blüte rosa. 'Firy Red', Blüte rot. 'Millers Crimson', Blüte karminrot. 'Valley Red', Blüte rot.

P. pulverulenta: Höhe 50–70 cm; Blüte VI–VII, dunkelrot mit braunem Auge; Blütenstiel und Kelch weiß bemehlt, sonst wie *P. japonica.*

Andere Primeln

P. denticulata, Kugelprimel: Standort und Boden wie bei Etagenprimeln. Höhe 10–30 cm; Blüte III–IV, hell- bis dunkellila, bei 'Alba' weiß; Blütenstand eine dichte, vielblütige Kugel.

Primula beesiana und *P. bulleyana* – zwei von vielen Etagenprimeln.

P. florindae, Tibetprimel ○ – ◑ 2144/7114 : Feuchte bis mäßig nasse, N+, humose Lehmböden. Höhe 50–80 cm; Blüte VI–VIII, hellgelb, duftend.

Nachbarn für alle vorgenannten Primeln: entweder zusammen mit Feuchtwiesen-Stauden wie Wiesenraute, *Iris sibirica, Veronica longifolia,* Plattährengras, Palmwedelsegge, Ligularien, Trollblumen, Kerzenknöterich, Taglilien oder Waldbewohner wie Bambus, niedrige Waldglockenblumen, Jakobsleiter, Glockenknöterich, Farne, Gräser.

P. veris, Himmelsschlüssel, Wiesenschlüsselblume ○ – ◑ 2116 : In Magerrasen und -wiesen, an Rainen und in lichten Eichenwäldern. Mäßig trockene bis frische, N−, K+, humose Ton- und Lehmböden. Höhe 10–20 cm; Blüte IV–V, dottergelb mit 5 roten Schlundflecken, duftend. Gute Nachbarn: Großes Windröschen, Graslilien, Zwergdost, *Aquilegia vulgaris,* Waldastern, Ochsenauge, Gräser. Die Wiesenschlüsselblume steht unter Naturschutz.

Ranunculus aconitifolius, Silberhahnenfuß

2244/7114 ○ – ◑

In staudenreichen Bergwäldern, an Quellen und Bächen wächst der Silberhahnenfuß. Er braucht feuchte (bis nasse), nährstoffreiche, kalkarme, humose Lehm- und Ton-

Ranunculus aconitifolius

Solidago virgaurea – seltene Wildgoldrute.

böden. Dieser Hahnenfuß wird 50–100 cm hoch, mit 3–5teiligen Grundblättern, dem Eisenhut ähnlich; die Blüte (Mai bis Juli) ist weiß. Meist wird die gefüllte Form ('Pleniflorus') angeboten. Ähnlich und nahe verwandt ist *R. platanifolius*. Gute Nachbarn: Blaue Eisenhüte, Waldglockenblumen, Jakobsleiter.

Thalictrum aquilegifolium

Gute Nachbarn: Katzenminze, Waldstern, Ochsenauge, Blutrote Witwenblume.

S. caesia, Blaureif-Goldrute ◖ 2234 : In Wäldern und Gebüschen auf mäßig trockenen bis frischen, humosen, sandigen und lehmigen Böden findet man die Goldrute. Die Pflanzen mit sparrigem Wuchs, werden 40–80 cm hoch. Der Stengel ist drahtig und blaugrün bereift. Die goldgelben Blüten erscheinen von September bis Oktober.

S. virgaurea ssp. **virgaurea,** Waldgoldrute ◖ – ○ 2234/2134 : In krautreichen Laub- und Nadel-Mischwäldern, in Heiden und Magerweiden. Mäßig frische, humose, sandige oder reine Lehmböden. Höhe 50–80 cm; Blüte VII–IX, gelb, in walzenförmiger Traube. Die Sorte 'Nana' wird nur 40–50 cm hoch.

Thalictrum, Wiesenraute

T. aquilegifolium, Akeleiblättrige Wiesenraute ◖ – ○ 2246/7124 : In Auenwäldern und Hochstaudenfluren auf feuchten (bis nassen), nährstoffreichen und kalkhaltigen, humosen Ton- und Lehmböden wächst die Wiesenraute. Sie wird mit ihren dreifach gefiederten Blättern 60–110 cm hoch. Die Blüten erscheinen von Mai bis September in lilapurpurn, bei 'Alba' weiß, bei 'Atropurpureum' violett. Gute Nachbarn: Indianernesseln, *Iris sibirica,* Trollblumen, Sumpfprimeln, Silberhahnenfuß.

Stauden von A–Z

T. minus, Kleine Wiesenraute ○ – ◐ 2114 : Im sonnigen Gebüsch, in lichten Eichenwäldern und an Waldsäumen. Warme, mäßig trockene, K +, humose, lehmige Steinböden oder Löß. Höhe 40–100 cm; Blatt 3–5fach gefiedert, blaugrün; Blüte VI–VII, grünlichgelb. Für den Garten wertvoller ist die Sorte 'Adiantifolium' (Höhe 40 cm) mit an *Adiantum*-Wedel erinnerndem Laub. Gute Nachbarn: Weißes Fingerkraut, Graslilien, Großes Windröschen, Bergminze, Gräser, Akelei.

Viola, Veilchen

V. labradorica, Labradorveilchen ◐ 2236/1236 : Frische, humose Lehmböden. Höhe 15 cm; Blatt fast kreisrund, purpurviolett überlaufen; Blüte IV–V, blau.

V. odorata, Duftveilchen ◐ 2236 : Im Gebüsch an Waldrändern. Frische, N +, humose Lehmböden. Höhe 10 cm; Blüte III(–IV), blauviolett, duftend. Sorten: 'Albiflora', Blüte reinweiß; 'Irish Elegance', Blüte orangegelb; 'Königin Charlotte', Blüte hell-violettblau, großblumig, die am meisten verbreitete Sorte; 'Red Charm', Blüte rotpurpurn, IV; 'Rubra', Blüte rotpurpurn; 'Sulphurea', Blüte aprikosengelb; 'Triumph', Blüte violettblau.

V. papillionacea, Pfingstveilchen ◐ 2234 : Frische, N +, humose Lehmböden. Höhe 15 cm; Blüte IV–V, dunkelviolett, die Sorte 'Immaculata' (= 'Albiflora') weiß. Leider gibt es bei diesem reizenden Veilchen Probleme mit dem richtigen Namen. Oft wird es auch *Viola sororia* genannt, was aber – nach amerikanischen Florenwerken – nicht stimmt. Dagegen muß die Pflanze, die gelegentlich als *Viola papillionacea* 'Sororia' angeboten wird, wohl richtig heißen:

V. sororia 'Freckles': Höhe 15 cm; Blüte IV–V, weiß, porzellanblau bemasert.

Viola papillionacea 'Immaculata'

Gehölzrandgräser

Deschampsia caespitosa 'Goldschleier'

Carex montana, Bergsegge

| 2112/3124 | ○ – ◐

Die Bergsegge gedeiht auf Kalkmagerrasen und in lichten Wäldern bei mäßig trockenen, humosen Lehmböden. Sie wird 20 cm hoch, mit sommergrünen Blättern, die sich im Herbst lichtbraun färben. Bergseggen blühen von März bis April in schwefelgelben und schwarzvioletten Farben. Gute Nachbarn: hellblaue Wildkrokusse, Weißes Windröschen, Ochsenauge.

Deschampsia caespitosa, Rasenschmiele

| 2246 | ◐ – ○

In Feuchtwiesen und feuchten Wäldern, an Quellen findet man die Rasenschmiele dort, wo frische bis nasse, humose Lehmböden sind. Das Gras wird 30–100 cm mit dunkelgrünen Blättern, die gleichmäßige halbkugelige Blatthorste bilden. Das Gras blüht von Juni bis August, zuerst grün, später gelblich. Besser als die Art sind folgende Sorten: 'Bronzeschleier', Höhe 20–70 cm; Blüte goldbraun. 'Goldschleier', Höhe 30–80 cm; Blüte VI–VII, lichtgelb. 'Goldgehänge', Höhe 30 bis 80 cm; Blüte tiefgelb. 'Goldstaub', Höhe 30–80 cm; Blüte goldschimmernd. 'Schottland', Höhe 40 bis 180 cm. 'Tardiflora', Höhe 20 bis 90 cm; Blüte VIII–IX, hellgrün. 'Tauträger', Blüte VIII–IX, auf straffen Halmen.

Festuca, Schwingel

F. amethystina, Amethystschwingel
◐ – ○ | 2124 |: In Kiefern-Steppenwäldern und -gebüsch, an Waldrändern. Trockene, durchlässige, K +, humose Stein- und Kiesböden. Höhe 25–45 cm; Blatt blaugrün;

95

Molinia altissima
'Transparent'

Blüte VI. Wächst von Natur aus gerne mit Schneeheide, deshalb ideales Heidegartengras. Sät sich selber aus, bevorzugt inmitten der Heidepolster, was aber nicht stört.

F. ovina, Schafschwingel ○ − ◐ 2124 : In Magerrasen und Heiden, sowie in lichten Eichen- und Kiefernwäldern. Trockene, N − , K − , humose Böden. Höhe 25–40 cm; Blatt graugrün; Blüte VI–VII. Ebenfalls ein Heidegras, doch diesmal für »saure« Heiden zusammen mit der Besenheide.

F. filiformis (= *F. tenuifolia, F. capillata)* Haarschwingel ○ − ◐ 2124 : In Sand-Magerrasen und lichten Eichenwäldern. Trockene, N − , K − , Sandböden. Höhe 15–35 cm; Blatt grün, Herbstfärbung gelbbraun; Blüte VI–VII. Verwendung wie *F.*

ovina. Beide wachsen auch gut auf Dächern.

Molinia arundinacea,
Hohes Pfeifengras

2135/2138 ○ − ◐

Das Pfeifengras wächst in Streuwiesen oder lichten Laub- und Nadelwäldern auf wechselfeuchten, nährstoffarmen Lehm- und Tonböden. Es wird 50–180 cm hoch mit dunkelgrünen Blättern; Herbstfärbung goldgelb; Blüte von Juni bis August. Auslesen: 'Bergfreund', Höhe 50/180 cm; lockere Blütenähren. 'Karl Foerster', Höhe 40/200 cm. 'Transparent', Höhe 60/170 cm, besonders filigran. 'Windspiel', Höhe 60/210 cm.

Lebensbereich Gehölzrand

An schattigen Felsen und in lichten Wäldern auf frischen, humosen, kalkreichen Lehmböden gedeiht das 30–50 cm hohe Gras. Die Blätter sind dunkelgrün, oberseits bläulich bereift; die Blüten erscheinen im April in schwarzen Rispenähren. Bei genügend Bodenfeuchte wird es recht breit. Sehr wertvolles Gras. Zusammen mit Felsenstorchschnabel, Skabiosen.

Frische bis feuchte, nährstoffreiche, humose Lehmböden behagen dem 100 cm hohen Gras. Die Blätter sind dunkelgrün, Herbstfärbung gelblichbraun; die Blüten im September/Oktober braun, oft blauviolett gezeichnet. Gute Nachbarn: Taglilien, Waldastern, Bergenien, Goldkörbchen, Nesselblatt-Dost, Knöterich, Etagenprimeln, Silberhahnenfuß. Gut für Trockensträuße.

Dicentra eximia (rot), *Phlox stolonifera* (blau und weiß)

97

Stauden von A–Z

Lebensbereich Freifläche

Wiesen und Äcker sind Freiflächen. Auf ihnen wächst weder Baum noch Strauch. Im Garten gilt dies allerdings nicht so streng, da können schon einmal ein Strauch oder wenige Solitärsträucher wie etwa Strauchrosen in eine größere Staudenfläche eingefügt sein.

Als Freiflächen gelten ganz verschiedenartige Lebensbereiche.

Die Feuchtwiese gehört genauso dazu wie der Trockenrasen und die Steppenheide, ebenso der Steingarten.

Diese sehr verschiedenen, oft sogar gegensätzlichen Lebensräume werden hier aus Platzgründen zusammengefaßt. Wie an den Kennziffern ersichtlich, werden sie im System in mehrere Hauptgruppen aufgeteilt.

Freifläche, »Sandheide«

Mäßig trockener, magerer, kalkfreier Sandboden

Einge-streut:	*Crocus angustifolius* 10 cm, II–III	
Einge-streut:	*Tulipa turkestanica* 25 cm, III–IV	
	Potentilla arenaria 5 cm, IV–V	
	Pulsatilla pratensis 25 cm, IV–V	
	Antennaria parviflora 15 cm, V	
	Thymus serpyllum 'Albus' 5 cm, V–VI	
	Armeria elongata 10/30 cm, V–VIII	
	Dianthus seguieri 5/30 cm, VI–IX	
	Dianthus arenarius 15 cm, VI–VII	
	Coreopsis verticillata 'Moonbeam' 40 cm, VII–IX	
	Veronica spicata 'Heidekind' 20 cm, VII–VIII	
	Solidago virgaurea 'Nana' 40 cm, VII–IX	

	Chamaemelum nobile 'Plenum' 5/15 cm, VII–X	
	Chrysopsis villosa var. *rutteri* 20 cm, VIII	
	Helichrysum arenarium 30 cm, VIII	
Einge-streut:	*Crocus pulchellus* 'Zephyr' 12 cm, IX–X	
	Festuca filiformis 15/35 cm, V–VII	
	Festuca ovina 'Solling' 25 cm	
	Koeleria glauca 15/25 cm, VI–VII	

Gehölze:

COT:	*Cotoneaster franchetii* 1,5–2 m, VI
GE:	*Genista sagittalis* 20–30 cm, VI–VII

Calluna vulgaris in Sorten:	
C.	'Coerketton White' 10 cm, VII–VIII
L.	'Long White' 55 cm, IX–X
S.	'Silverknight' 35 cm, VIII–IX
QUE.	*Quercus pontica* 5–7 m

M 1:50

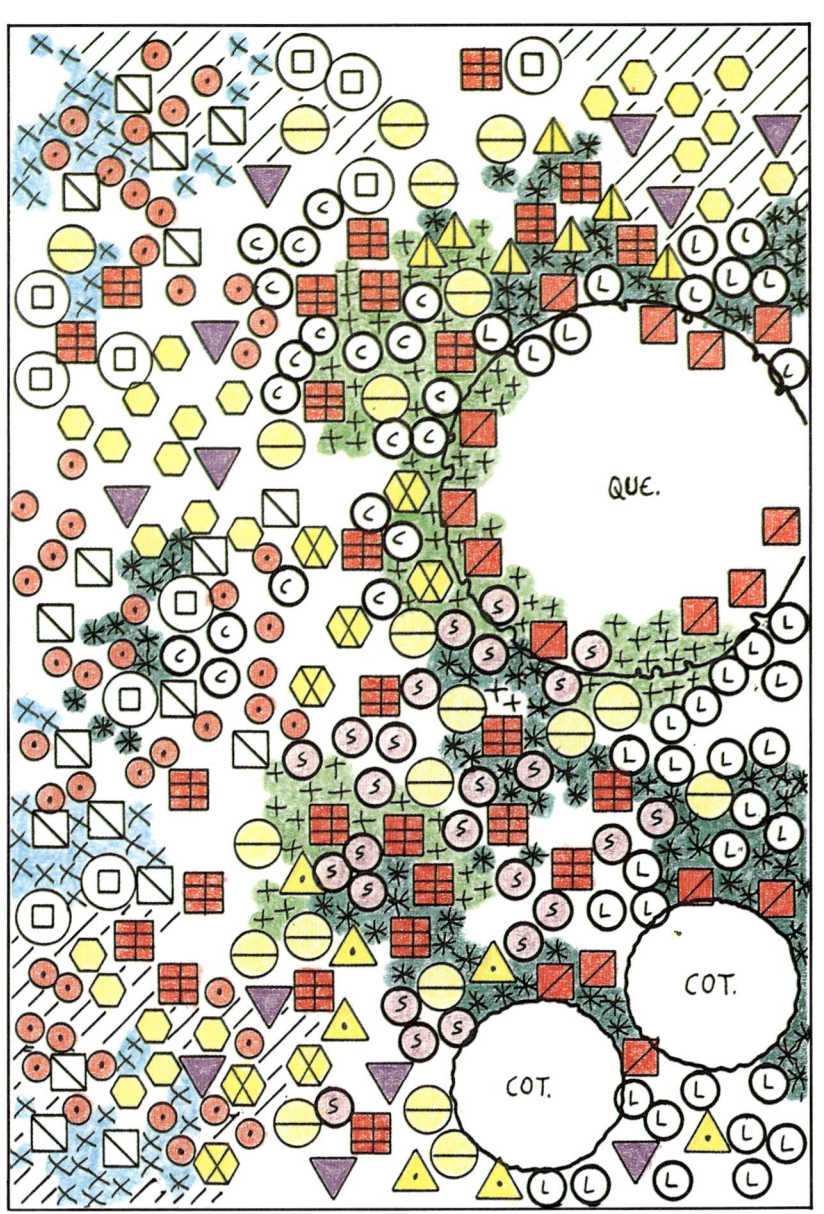

Stauden von A–Z

Freifläche, »Feuchtwiese« (auch Teichrand)
Feuchter, nährstoffreicher, humoser Lehm- oder Tonboden

Einge-streut:	*Leucojum vernum* 20 cm, II–III		*Trollius europaeus* 'Superbus' 60 cm, VI–VII
Einge-streut:	*Scilla bifolia* 15 cm, III		*Primula florindae* 50 cm, VI–VIII
Einge-streut:	*Narcissus Cycl.*-Hybr. 'February Gold' 30 cm, III–IV		*Filipendula purpurea* 100 cm, VII–VIII
	Primula denticulata 30 cm, IV–V		*Eupatorium rugosum* 100 cm, VIII–X
	Caltha palustris var. *alba* 20 cm, IV–VI		*Polygonum amplexicaule* 'Atropurpureum' 100 cm, VIII–X
	Camassia quamash 50 cm, IV–V		*Artemisia lactiflora* 140 cm, IX–X
	Geranium sylvaticum 'Mayflower' 60 cm, V–VI		*Uniola latifolia* 100 cm, X–XI
	Hemerocallis lilioasphodelus 70 cm, V		*Sesleria uliginosa* 25 cm, VI–VIII
	Iris sibirica 'Dreaming Yellow' 80 cm, V–VI		
	Ranunculus aconitifolius 70 cm, V–VI		

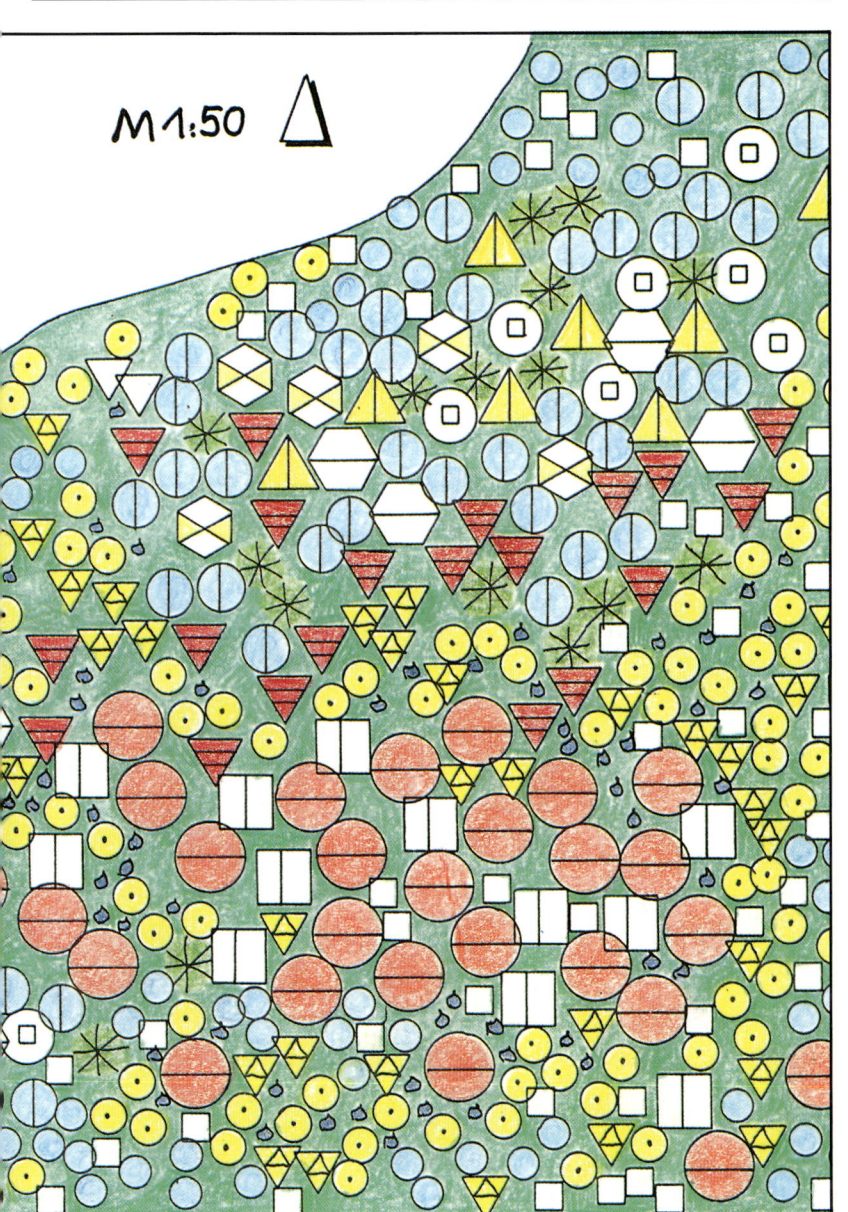

M 1:50

Stauden von A–Z

Freifläche, »Steppenheide«

Mäßig trockener, etwas magerer, kalkreicher, humoser Lehmboden

Einge-streut:	*Crocus flavus* 8 cm, III		*Achillea* 'Moonshine' 40 cm, VI–VII + IX
Einge-streut:	*Tulipa polychroma* 12 cm, III–IV		*Salvia lavandulifolia* 40 cm, VII–VIII
	Adonis vernalis 20 cm, IV–V		*Inula ensifolia* 35 cm, VII–VIII
	Pulsatilla halleri 20 cm, IV–V		*Goniolimon tataricum* 25 cm, VII–IX
Einge-streut:	*Tulipa linifolia* 15 cm, V		*Eryngium bourgatii* 30 cm, VII–VIII
	Eremurus himalaicus 120 cm, V–VI		*Stipa barbata* 80 cm, VI–VII
	Linum austriacum o. *L. perenne* 50 cm, V–VIII		*Carlina acaulis* ssp. *acaulis* 8 cm, VIII–X
	Iris aphylla 'Autumn King' 35 cm, V + IX		*Aster linosyris* 40 cm, IX
	Thymus praecox 10 cm, VI–VIII		Einge-streut:	*Crocus goulimyi* 8 cm, X–XI

M 1:50

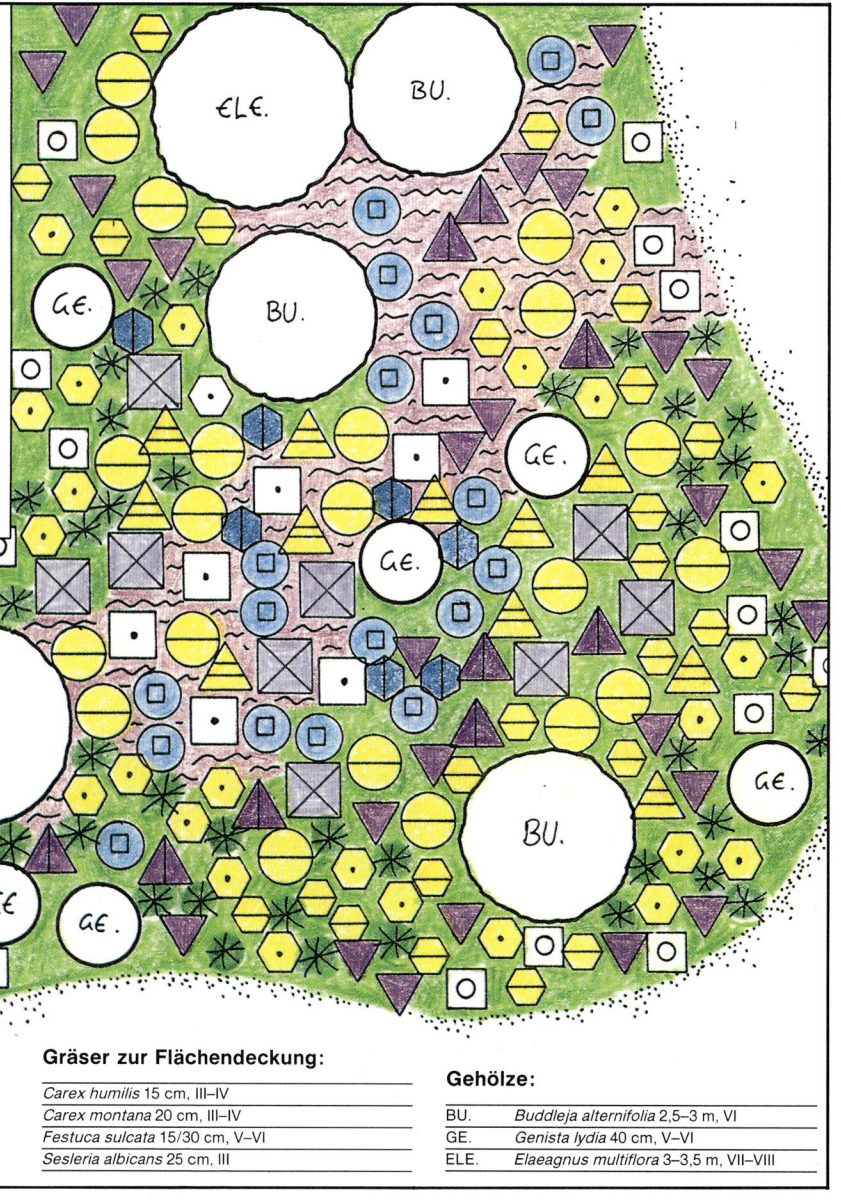

Gräser zur Flächendeckung:

Carex humilis 15 cm, III–IV	
Carex montana 20 cm, III–IV	
Festuca sulcata 15/30 cm, V–VI	
Sesleria albicans 25 cm, III	

Gehölze:

BU.	*Buddleja alternifolia* 2,5–3 m, VI
GE.	*Genista lydia* 40 cm, V–VI
ELE.	*Elaeagnus multiflora* 3–3,5 m, VII–VIII

Stauden von A–Z

Diese Teppichstauden aus dem fernen Neuseeland bilden ruhige, kaum 10 cm hohe Flächen, die leider in ungünstigen Lagen bei Kahlfrost leiden. Die Blüten sind unscheinbar. Für mäßig trockene bis feuchte Böden.

A. buchananii: Blatt bläulichgrün, gefiedert. In Süddeutschland zuverlässiger als im Norden.

A. microphylla: Blatt gefiedert, olivgrün bis bräunlichgrün; die Sorte 'Kupferteppich' zierlicher und Blatt braunrot, wächst in Norddeutschland besser als im Süden.

Mit ihren oft meterlangen, beblätterten Trieben decken sie schnell den Boden ab. Schwachwüchsige Nachbarn würden unter den Teppich gekehrt; Nachbarschaft deshalb mit Bedacht auswählen.

Schafgarben sind alle Sonnenanbeter, dazu passend brauchen sie mäßig trockene bis frische, nährstoffreiche, humose Lehmböden. Es sind hochwachsende Blütenstauden mit gefiederten Blättern und flachen Blütenständen. Als Schnitt- und Trockenblume gut geeignet.

Acaena microphylla 'Kupferteppich'

Achillea millefolium 'Paprika'

Die Wildart der Wiesenschafgarbe ist nicht in Kultur, dafür gibt es eine ganze Schar an farbenfrohen Sorten: 'Apfelblüte', Höhe 60 cm; Blüte hellrosa. 'Cerise Queen' (= 'Kirschkönigin'), Höhe 40 cm; Blüte kirschrot. 'Heidi', Höhe 80 cm; Blüte dunkelpurpur. 'Hoffnung', Höhe 60 cm; Blüte hellgelb. 'Lachskönigin', Höhe 60 cm; Blüte lachsrosa. 'Fire King' und 'Red Beauty', Blüte tief rot. 'Paprika', Höhe 60 cm; Blüte hellrot. 'Purpurglut', Höhe 70 cm; Blüte purpurrot. 'Sammetriese', Höhe 90 cm; Blüte dunkelrot. 'Schneetaler', Höhe 70 cm; Blüte reinweiß.

Alle Wiesenschafgarben treiben Ausläufer; sie brauchen deshalb viel Platz oder robuste Nachbarn wie wüchsige Gräser, Ochsenauge, Bergastern, Bronzeblatt-Nachtkerze, Purpur-Fetthenne.

Adonis vernalis steht unter Naturschutz.

Adonis vernalis,
Adonisröschen

4314/3164   ○ − ○○

Das Adonisröschen findet sich sehr selten in Steppenrasen, aber auch in Kiefernwäldern. Es bevorzugt sommerwarme, trockene, kalkreiche, humose Lehm- und Lößböden. Der 20–30 cm hohe filigrane Laubbusch treibt in IV–V goldgelbe Blüten. Schön in Gemeinschaft mit Küchenschellen, Schneeheide, Gräsern, Wildtulpen, Zwerg-Bartiris.

Allium, Zierlauch

○○ − ○

Eine Vielzahl von Laucharten in allen Farben wartet darauf sonnigste und trockene Gartenecken zu besiedeln. Sie danken den Garteneinlaß mit üppiger Blüte und zumeist reichem Nachwuchs. Sie tragen den Zwiebelflor bis in den späten Sommer. Einige Arten sind dann bereits wieder in der Erde verschwunden. Mit Selbstaussaat muß gerechnet werden.

A. carinatum ssp. pulchellum (*A. pulchellum, A. cirrhosum*), Zierlicher Lauch 4326 : In Magerrasen, Höhe 30–45 cm; Blüte VII–VIII, rosaviolett, bei 'Alba' weiß.

Stauden von A–Z

Allium karataviense, gerne zwischen Steinen.

A. christophii, Sternkugellauch
3176 : Höhe 30–40 cm; Blüte
VI–VII, lila mit metallischem Glanz.
Getrocknete Blütenstände ideal für
die Binderei.

A. flavum, Gelber Hängelauch
4326 : Höhe 20–40 cm; Blüte
VI–VIII, gelb. Die Zwergform *A.* f.
var. minus wird nur 5 cm hoch.

A. giganteum, Riesenlauch 3179 :
Höhe 120–150 cm; Blüte VI–VIII,
purpurrosa; Winterschutz mit Fich-
tenreisig.

A. karataviense, Blauzungenlauch
4326 : Höhe 20–30 cm; Blüte V,
hellrosa; Blatt metallisch blaugrün.

A. moly, Goldlauch 4526 : Höhe
20–30 cm; Blüte V–VI, goldgelb.
Fühlt sich bei leichter Beschattung
wohler.

A. oreophilum *(A. ostrowskianum),*
Karminlauch 4326 : Höhe 10 bis
15 cm; Blüte VI–VII, karminrosa.

A. sphaerocephalon, Kugelkopf-
lauch 3136 : Höhe 40–75 cm; Blüte
VII–VIII, dunkelpurpur.

Anaphalis, Perlpfötchen

Warme, trockene, nährstoffreiche,
lockere Böden sagen diesen grau-
laubigen und breitbuschigen Stauden am meisten zu.

A. margaritacea, Silberimmortelle
∞ – ◖ 3148 : In Wäldern und auf
trockenen Hügeln. Höhe 20–80 cm;
Blatt oben fast kahl, unten dicht
weißwollig; Blüte VII–IX, perlmutt-
artig weiß. Für sandige Böden, wo
es allerdings mäßig wuchert. Am
richtigen Platz und in der richtigen
Gemeinschaft aber ein schöner
Spätsommerblüher.

A. triplinervis, Perlpfötchen: Höhe
20–40 cm; Blatt oben graugrün,
spinnwebig, unten weißwollig; Blüte
VII–IX, weiß. Auslesen: 'Silber-
regen', Höhe 50 cm; Blüte IX–X.
'Sommerschnee', Höhe 25 cm;
Blüte VII–IX.
Leider gedeiht *A. triplinervis* nur gut
auf durchlässigen Lehmböden. Auf
Sandböden kümmert es.

Arabis procurrens,
Schaumkresse

4502 ◑

Kommt von Natur aus an buschi-
schen Felshängen auf frischen,
humosen Lehmböden vor. Die
Schaumkresse bedeckt mit ihren
dunkel- und immergrünen, kaum
5 cm hohen Laubteppich rasch klei-
nere Flächen. Auf 15 cm hohen Stielen stehen im April die weißen Blüten. Noch ausdrucksstärker ist die
Sorte 'Schneeteppich' (= 'Neu-
schnee') Blatt dunkler; Blüte reicher
und länger.
Eine Pflanze von der Karl Foerster
sagt: »Verschwende sie auf alle
Weise im Garten, lasse sie auf
schwierige Steingartenplätze los!«

Oben: *Anaphalis triplinervis*
Rechts: *Arabis procurrens* 'Schneeteppich'
zusammen mit *Muscari.*

107

Stauden von A–Z

Aster amellus 'Sternkugel'

Aster, Aster

○

A. amellus, Bergaster 3214 : In sonnigen Gebüsch- und Waldsäumen und an Wegrainen auf sommerwarmen, mäßig trockenen, kalkreichen, humosen, lockeren Böden aller Art findet sich die Bergaster ein. Die Art hat wenig gartenwert, anders jedoch die vielen Sorten: 'Lady Hindlip', Höhe 60 cm; Blüte VIII–IX, dunkelrosa. 'Glücksfund', Höhe 50 cm; Blüte VIII–IX, blauviolett. 'Rosa Erfüllung', Höhe 60 cm; Blüte VIII–IX, reinrosa. 'Sternkugel', Höhe 50 cm; Blüte IX–X, zartviolett. 'Veilchenkönigin', Höhe 40 cm; Blüte IX–X, dunkelviolettblau. 'Weltfriede', Höhe 70 cm; Blüte VIII–IX, lilablau.

A. linosyris, Goldhaaraster 3114 : In Trockenrasen und an Waldrändern wächst die Goldhaaraster, jedoch ist sie nur selten zu finden. Sie mag sommerwarme, trockene, kalkreiche, humose und lockere Lehm- und Lößböden.
Von ihrer äußeren Gestalt sieht die 30–50 cm hohe Goldhaaraster mit den nadelförmigen Blätter gar nicht Aster-ähnlich aus, zumal den im August bis September erscheinenden Blütenköpfchen der Kranz aus Zungenblüten fehlt. Sie haben nur goldgelbe Röhrenblüten. Die Auslese 'Golden Dust' wächst gedrungener, zeigt ein tieferes Gelb und die Pflanzen färben sich im Herbst intensiv braungelb. Gute Nachbarn: Silberdisteln, Perlpfötchen, Bergastern, Fetthenne, Herbstkrokusse, Schwingel und andere Gräser.

Calamintha nepeta, Bergminze

3164 ○ — ○○

An felsigen Südhängen, in lichten Laubgehölzen und auf trockenen, kalkreichen, humosen Stein- und Lehmböden fühlt sich die Bergminze heimisch. Sie wirkt wie ein kleiner 40–55 cm hoher Zwergstrauch, der sich von August bis Oktober mit zwar kleinen hellblauen Blüten schmückt, die aber in Massen erscheinen. Die ganze Pflanze duftet aromatisch. Bienen lieben Bergminzen! Sie sind ein dankbarer Schatz für trockene und sonnige Lagen. Gute Nachbarn: *Sedum spectabile* und *S. telephium, Sedum cauticolum* 'Robustum', Bergaster, Blaureif-Goldrute, Gräser, Zwergalant. – Erst im Frühjahr zurückschneiden.

Campanula, Glockenblume

Campanula portenschlagiana.

C. carpatica, Karpatenglockenblume ○(− ◑) ⎡4420⎤ : Auf frischen, humosen Böden gedeiht die 15 bis 30 cm hohe Karpatenglockenblume. Aus dem Polster hellgrüner Blätter treiben von Juli bis Oktober unermüdlich blaue Blüten. Angeboten werden jedoch nur Sorten: 'Blaue Clips', Höhe 20 cm; Blüte himmelblau; samenvermehrbar. 'Karpatenkrone', Höhe 20 cm; Blüte silberblau. 'Kobaltglocke', Höhe 25 cm; violett. 'Spechtmeise', Höhe 15 cm; Blüte dunkellila. 'Zwergmöve', Höhe 15 cm; Blüte silberweiß. 'Weiße Clips', Höhe 20 cm; Blüte weiß; samenvermehrbar.
C. c. var. turbinata: unterscheidet sich von der Art durch feine weiße Behaarung. Folgende Sorten werden ihr zugeordnet: 'Alba', Höhe 20 cm; Blüte weiß. 'Jewel', Höhe 15 cm; Blüte leuchtend blau.

C. collina, Hügelglocke ◑ − ○ ⎡4620⎤ : Frische, humose Böden, aber auch nach Osten gerichtete Mauerfugen schätzt die 10–20 cm hohe Hügelglocke. Sie zeigt im April ihre purpurblauen Blüten. Durch kurze Ausläufer bildet sie lockere Rasen. Bei zu trockenem Stand nur kurzlebig.

C. glomerata, Knäuelglockenblume ○(− ◑) ⎡2114/3214⎤ : In Kalk-Magerrasen, an Wald- und Gebüschsäumen sowie an Wegrändern auf mäßig frischen, mäßig nährstoff- und kalkreichen humosen, lockeren Lehmböden läßt sich manchmal die Knäuelglockenblume finden. Durch kurze Ausläufer bildet sie rasch kleine Flächenbestände, aus denen sie ihre 30–55 cm hohen, mit rauhhaarigen Blättern besetzte Stengel

Stauden von A–Z

treibt. Im Juli/August bilden sich daran dunkelblaue Blüten – bis zu 20 Stück in dichten Büscheln. Sorten: 'Alba', Höhe 40–65 cm; Blüte weiß. 'Acaulis', Höhe 10 bis 15 cm; Blüte violettblau; 4304 . 'Dahurica', Höhe 50–60 cm; Blüte dunkelblau. 'Joan Elliott', Höhe 40 cm; Blüte V–VII, tiefviolett; gut zum Schnitt. 'Schneekrone', Höhe 50 cm; Blüte weiß; fällt samenecht. 'Schneehäschen', Höhe 10–15 cm; Blüte weiß. 'Superba', Höhe 50 bis 60 cm; Blüte dunkelviolett. Gute Nachbarn: *Oenothera tetragona,* Schafgarben, Bergsteinkraut, Mädchenauge, Weiße Prachtscharte.

C. portenschlagiana, Dalmatiner Glockenblume ○ – ❀ 4620 : Mäßig frische, nährstoff- und kalkreiche steinig-lehmige Böden, auch schattige Mauerfugen. Über dem 10 bis 15 cm hohen Laubpolster im Juni/ Juli (Nachflor in IX) violette Blüten. Unterirdisch mäßig kriechend, füllt sie Steinfuge um Steinfuge; genauso dankbar im Steingarten. Die Sorte 'Birch Hybrid' ist ein reizendes, außereheliches Kind zwischen der Dalmatiner Glockenblume und der Hängepolsterglocke: Höhe 15–20 cm; Blüte VI–VIII, lichtblau.

C. poscharskyana, Hängepolsterglocke ○ – ❀ 4600 : Mäßig frische, kalkreiche, steinig-lehmige Böden schätzt die 10–15 cm hohe Staude.

Ihre im April bis September erscheinenden Blüten sind lavendelblau, fast sternförmig, an flach ausgestreckten, bis 60 cm langen Trieben. Sät sich manchmal stärker aus als erwünscht. Sorten: 'Blauranke', Hungerkünstler; versagt bei zu guter Ernährung! Sehr robuste, starkwüchsige Sorte. 'E. H. Frost', Blüte porzellanweiß mit blauem Auge. 'Lilacina', Blüte lilarosa. 'Stella', Blüte violettblau. Eine Fülle weiterer Glockenblumen-Arten wartet ebenfalls auf Garteneinlaß. – Leider haben auch die Schnecken eine Vorliebe für Glokkenblumen, besonders für die Karpatenglockenblume.

Carlina, Eberwurz, Wetterdistel

3114 ○ – ○○

In Magerrasen und -weiden auf sommerwarmen, mäßig trockenen, kalkreichen Lehm- und Tonböden wächst die bei uns geschützte Wetterdistel.

C. acaulis ssp. **acaulis,** Stengellose Silberdistel: Höhe 5–10 cm; Blatt dornig; Blüte VII–IX, silbergrau. – ssp. *simplex (C. a.* var. *caulescens),* Gestielte Silberdistel: Wie die Art, doch Blüte gestielt, Höhe 15–60 cm. Silberdisteln bilden eine Pfahlwurzel, weshalb sie nicht verpflanzt werden können.

Carlina acaulis ssp. *simplex* – eine gute Trockenblume.

Coreopsis verticillata 'Moonbeam' im *Antennaria*-Teppich.

Coreopsis, Mädchenauge

C. tripteris, Hohes Mädchenauge
○ 2245/7125 : Frische bis feuchte, N +, humose Lehmböden. Höhe 170–210 cm; Blatt dunkelgrün; Blüte VII–IX, hellgelb. Gute Nachbarn: Indianernesseln, Herbstastern, hohe Gräser.

C. verticillata (Netzblattstern)
○ – ❄ 3204/6218 : Mäßig trokkene, N +, humose, sandige Böden. Die Art ist wohl nicht im Handel, statt dessen bekommt man die Sorte 'Grandiflora' mit größeren Blüten: Höhe 50–80 cm; Blatt fast nadelförmig; Blüte VII–VIII, gelb. Sehr wertvoll die Sorte 'Moonbeam', Höhe 40 cm; mit hell zitronengelben Blüten; 'Zagreb' hingegen paßt mit nur 25 cm Höhe gut in den Steingarten.

Crocus, Krokus
3130/4320 ○ – ○○

Eine artenreiche Gattung von Zwiebelknollen-Pflanzen, deren Artenreichtum leider überhaupt nicht genutzt wird. Die aufdringlichen großen Blüten der Gartensorten mit ihren kräftigen Farben haben in natürlichen Gestaltungen nichts zu suchen. Schon eher passen da die Sorten von *Crocus chrysanthus*. Leider wird meist nur eine Sortenmischung angeboten.
Es gibt aber einige größere Blumenzwiebelfirmen, die nicht nur die Sorten von *Crocus chrysanthus* getrennt anbieten sondern auch weitere Arten.
Was die Bodenfeuchte angeht, so schätzen es die Krokusse sehr, wenn sie zur Vegetationszeit im Frühjahr nicht trocken stehen. Haben sie ihr Laub aber eingezogen,

Stauden von A–Z

Crocus tommasinianus verwildert sehr leicht.

darf der Boden ruhig austrocknen. Damit es ihnen bei unseren Sommern nicht zu feucht wird, muß der Boden gut durchlässig sein. Die Höhe der meisten Arten beträgt 10 bis 15 cm. Die grasartigen, schmalen Blätter haben zumeist einen Silberstreif auf der Blattoberseite.

C. ancyrensis, Ankarakrokus: Blüte (I–)II–III, satt orangegelb.

C. angustifolius (C. susianus): Goldlackkrokus: Blüte II–III, satt goldgelb, außen glänzend rotbraun gezeichnet.

C. chrysanthus: Blüte III, blaßgelb bis orangegelb, manchmal außen bronze- oder purpurfarben gestreift. Einige der vielen Sorten: 'E. A. Bowles', Blüte buttergelb,

außen braungrau. 'Eyecatcher', Blüte außen dunkel violettpurpur mit weißem Saum, innen weiß. 'Snowbunting', Blüte reinweiß. 'Goldilocks', Blüte tief goldgelb, außen bronze gefiedert. 'Ladykiller', Blüte purpurviolett mit weißem Rand, innen lilaweiß.

C. flavus *(C. aureus),* Goldkrokus: Blüte III(–IV), orangegelb; oft Selbstaussaat.

C. minimus: Blüte Ende III, innen violett, außen gelblich, kräftig dunkelviolett getuscht.

C. sieberi ssp. **atticus:** Blüte II–III, dunkel lilablau mit gelbem Schlund.

C. tommasinianus, Elfenkrokus: Blüte III, blaßlila bis purpurn. Selbstaussaat in Mengen. DER Krokus zum Verwildern in lichten Laubgehölz wie in schütteren Rasenflächen. Die Sorten sind steril, bilden aber reichlich Brutknollen und verbreiten sich dadurch. Der einzige Krokus, der Mäusen weniger schmeckt. Alle anderen Arten sind ein »beliebtes Mäusefutter«. 'Whitewell Purple', Blüte tief purpurviolett. 'Ruby Giant', Blüte tief purpurviolett. 'Taplow Ruby', Blüte zartes Rotpurpur.

Krokusse blühen nicht nur im Frühjahr!

C. pulchellus: Blüte IX–X, lilablau, die Sorte 'Zephyr', in getöntem Weiß, außen Perlgrau; Blatt erst im Frühjahr erscheinend.

C. sativus, Safran: Blüte X, schieferblau bis violett mit orangen Narben (aus denen das Gewürz Safran gewonnen wird).

C. speciosus: Blüte IX–X, schieferblau mit dunkleren Adern; Blatt erst im Frühling erscheinend. Sorten: 'Aitchisonii', Blüte größer, hellblau, X–XI. 'Albus', Blüte reinweiß. 'Cassiope', Blüte X–XI, hell violettblau, größer.
Vor allem die Herbstkrokusse wollen mit Bedacht benachbart werden, damit ihre Blüten nicht unter anderen Stauden verschwinden. Krokusse gehören in Teppiche niedriger Flächenstauden.

Dianthus, Nelke

D. arenarius, Sandnelke ○ $\boxed{3154}$: Trockene, humose Sandböden. Höhe 10–30 cm; Pflanze dichtrasig wachsend; Blüte VI–IX, weiß, duftend, filigran geschlitzt.

D. carthusianorum, Karthäusernelke ○ $\boxed{3104}$: Oft falsch im Handel. In Kalk-Magerrasen, an Waldrändern. Warme, trockene, kalkreiche Lehmböden. Höhe 15–40 cm; Blatt grün; Blüte VI–IX, purpurrot.

D. deltoides, Heidenelke ○ − ○○ $\boxed{3106}$: In Magerrasen und -weiden. Mäßig trockene, kalkarme, mäßig humose Sand- und steinige Lehmböden. Höhe 8–20 cm; Pflanzen rasig wachsend; Blüte VI–IX, dunkel-

Dianthus arenarius

rosa. Farbauslesen: 'Splendens',
Blüte karminrot. 'Albus', weiß.
'Leuchtfunk', Blatt dunkelgrün;
Blüte karmin-scharlachfarben.

D. gratianopolitanus *(D. caesius),*
Pfingstnelke ○ − ○○ 3164 : In Fels-
bändern und -rasen, auch in Kiefernwäldern. Warme, trockene, humose Stein- und Felsböden. Blüte
V–VI, rosa. Dazu zahlreiche Farbsorten, die wertvoller als die Art
sind.

D. plumarius, Federnelke ○ − ○○
4110 : Mäßig trockene, humose,
steinige Lehmböden. Höhe 20 bis
30 cm; Blatt blaugrün; Blüte VI–VII,
rosa, stark duftend. Dazu zahlreiche
Sorten.

Eryngium planum 'Blauer Zwerg'

E. bourgatii, Pyrenäen-Edeldistel
3154 : Höhe 30–40 cm; Blatt stark
zerteilt, weiß geadert, lederartig;
Blüte VII–VIII, blau.

E. planum 3156 : In Sand-Trok-
kenrasen. Höhe 80–100 cm; Pflan-
zen bläulich; Blüte VI–IX, blau.
'Blauer Zwerg', Höhe 40–50 cm;
Blüte intensiv blau. Gute Nachbarn:
Gräser, Bergaster, Goldhaaraster,
Thymian, kriechende Sedum, Mäd-
chenauge.

Erygnium, Edeldistel

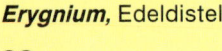

Trockene, durchlässige, tiefgründige, steinige Böden schätzen die
meisten Arten.

E. alpinum, Alpenedeldistel: Im Gegensatz zu den anderen Arten muß
E. alpinum ganzjährig frisch, im
Frühjahr auch feucht stehen, sonst
ist sie nur kurzlebig. Höhe 50 bis
70 cm; Blüte VII–VIII, violett.
Auslesen: 'Amethyst', Blüte silberblau. 'Opal', Blüte silbriglila 4404 ;
schön zu Bergkiefern und Gräsern.

Euphorbia polychroma,
Goldwolfsmilch

4100/2110 ○

Auf mäßig trockenen, kalkreichen
humosen Lehmböden entwickelt
sich die Goldwolfsmilch bei nur

Lebensbereich Freifläche

Euphorbia polychroma

F. rubra, Amerikanisches Mädesüß:
Höhe 110–150 cm; Blüte VI–VII, rosa
bis rot, duftend. 'Venusta', Blüte
dunkelrosa. 'Venusta Magnifica',
Blüte karminrot. Gute Nachbarn:
Taglilien, Sibirische Schwertlilie,
Gräser, Wiesenastern, Wiesen-
storchschnabel.

Gypsophila, Schleierkraut

∞

---

40 cm Höhe zu einer fast meterbrei-
ten lockeren Kuppel. Die länglichen
und behaarten Blätter färben sich
im Herbst bunt. Die im April erscheinenden Blüten fallen wenig auf,
doch sind sie – wie der bekannte
Weihnachtsstern – von einem Kranz
goldgelber Hochblätter umgeben.
Nachbarn: *Iris × barbata-nana*
'Cherry Garden', *Aquilegia atrata*.

Filipendula, Mädesüß

3305/7125 ○

Sie wollen frische bis feuchte, nährstoffreiche, humose Lehmböden.

F. purpurea: Höhe 70–90 cm; Blüte
VII–VIII, dunkelrosa bis karminrot,
bei 'Alba' weiß; 'Elegans', Blüte
weiß mit roten Staubfäden.

Das Schleierkraut liebt trockene
Böden und ist eine gute Schnitt-
und Trockenstaude.

G. pacifica, Hohes Schleierkraut
3268 : Gedeiht auch auf Lehmböden. Höhe 100 cm; Pflanze zur Blütezeit einen kugeligen Busch bildend; mit einer tiefgehenden Rü-
benwurzel; Blüte VIII–IX, rosaweiß.

G. paniculata, Riesenschleierkraut
3268 : Gedeiht auf keinen Fall auf
schweren Böden! Will sandige Böden. Blüte VII–VIII, weiß; sonst wie
vorige Art.

G. repens, Teppich-Schleierkraut
4400 : Im Kalkschutt der Alpen
oder im Kies der Alpenflüsse heimisch, fühlt sie sich auch im Garten
auf steinigen, kalkreichen Böden
wohl. Höhe 10–25 cm; Blatt graugrün; Blüte V–VIII, weiß, die Sorte
'Rosea' rosa.

Stauden von A–Z

Helenium hoopesii, Sonnenbraut

3204/2134 ○

Im Gegensatz zu anderen *Helenium-Arten* gedeiht diese Art auch auf mäßig trockenen, nährstoffreichen, humosen Lehmböden. An 50–60 cm hohen Stielen sitzen glänzende, glatte Blätter und im V–VI goldorange Blüten. Gute Nachbarn: Katzenminze, Straußmargerite, mittelhohe Bartiris.

Helianthemum, Sonnenröschen

4304 ○ – ○○

Sonnenröschen sind Bewohner sommertrockener, kalkreicher, mäßig humoser Lehmböden. Ein fla-

Helianthemum apenninum

ches Kissen bildende Halbsträucher oder Stauden. Die Blüten halten nur wenige Stunden, erscheinen aber in einer unglaublichen Fülle.

H. apenninum, Apennin-Sonnenröschen: In lückigen Kalk-Trockenrasen. Wüchsig. Höhe 10–30 cm; Blatt graufilzig; Blüte V–VIII, weiß.

H. nummularium: In Magerrasen und Säumen. Höhe 10–20 cm; Blatt wintergrün, borstig behaart; Blüte VI–IX, gelb. Gute Nachbarn: Gräser, Goldhaaraster, Graslilien, Nelken, Silberdisteln.

Inula, Alant

Inula ensifolia, Schwertalant ○○ – ○ 3164 : In Steppenrasen und Gebüschsäumen auf trockenen, kalkreichen, humosen Lehmböden wächst der Schwertalant. An den 20–35 cm hohen Stengeln sitzen dunkelgrüne, lanzettliche Blätter. VII–VIII erscheinen die goldgelben Blüten. Die Sorte 'Compacta', nur 20 cm hoch.

Inula hirta, Rauher Alant ○○ – ◑: Ähnlich voriger in seinem Erscheinungsbild, doch sind die Blätter beiderseits rauhhaarig. Die ebenfalls goldgelben Blüten zieren von VI–IX. Verträgt auch ◑.

Inula hirta

Iris aphylla – eine selten gepflanzte Art.

Inula magnifica, Kaukasus-Riesen-alant ○ 3205/6125 : Frische, N +, K +, humose Lehmböden. Eine mächtige, bis 2 m hohe, aufstrebende Staudengestalt, deren dunkelgrüne Grundblätter bis 1 m lang werden. Treibt von VII–VIII goldgelbe Blüten. Eine Solitärstaude, auch am (nicht nassen) Teichrand.

Iris, Schwertlilie

○○ – ○

Eine vielgestaltige Gattung für alle möglichen Gartensituationen.

Arten für Steingarten und Trockenbeet verlangen trockene, kalkreiche, durchlässige, lehmige Böden.

Iris aphylla: Höhe 30–40 cm; Blüte V, tiefviolett mit blauem Bart; reichblühend. Die Sorte 'Autumn King', Blüte V und IX.

Iris chamaeiris 4304 : Höhe 15 bis 25 cm; Blüte IV–V, violett bis weiß.

Iris germanica 3100 : Höhe 80 cm; Blüte V–VI, violettblau mit brauner Schlundaderung und gelbem Bart.

Iris florentina, Florentiner Schwertlilie 3100 : Höhe 70 cm; Blüte V, reinweiß.

Iris pallida 3100 : Höhe 70 bis 100 cm; Blüte V–VI, hell lavendelfarben, duftend.

Iris reichenbachii 4304 : Höhe 20–25 cm; Blüte V, goldgelb.

Stauden von A–Z

Iris sibirica 'Ceasar's Brother'

Die Arten feuchter Wiesen hingegen mögen lieber frische bis feuchte, nährstoff- und kalkreiche, humose Lehmböden.

Iris crocea (I. aurea), Goldiris 3305 : Höhe 100–120 cm; Blüte VI–VII, goldgelb. Problemlose Art auf lehmigen Böden.

Iris orientalis (I. ochroleuca), Orient-Wieseniris 3305 : Höhe 70–90 cm; Blüte VI–VII, weiß mit gelbem Mittelfleck auf den zurückgebogenen Hängeblättern.

Iris sanguinea: Höhe 50–60 cm; Blüte V–VI, intensiv blau mit roten Hüllblättern. Sorten: 'Snow Queen', Blüte elfenbeinweiß; reichblühend; langlebig. 'Weißer Orient', Blüte weiß.

Iris sibirica, Sibirische Iris: In Moorwiesen und Gräben. Höhe 60 bis 100 cm; Blüte VI, blau. Es gibt viele Sorten, von denen die großblumigen nur ins Beet gehören, die kleinblütigen können auch für naturnahe Pflanzungen verwendet werden.

Zwiebeliris ○ – ○○ 4320 : Sommertrockene, warme, durchlässige Mineralböden.

Iris danfordiae, Frühlings-Goldiris: Höhe 10–30 cm; Blüte II–III, gelb, duftend. Leider nicht sehr langlebig.

Iris reticulata, Netziris: Höhe 10 bis 30 cm; Blüte III, satt violettblau mit orangefarbenem Mittelstreifen, zarter Veilchenduft. Dazu einige Farbsorten.

Lilium, Lilie

L. bulbiferum, Feuerlilie ◑ – ○ 4400 : Selten trifft man die Feuerlilie in Bergwiesen, Gebüschsäumen, Staudenfluren und an Waldrändern. Frische, nährstoffreiche, humose Lehmböden. Höhe 60–120 cm; Blüte V–VII, feuerrot.

L. candidum, Madonnenlilie ○ 3238 : Mäßig trockene, kalkreiche, humose Lehm- oder Lößböden. Höhe 70–150 cm; Blüte VI–VII, reinweiß. Muß als einzige Lilie bereits Ende August gepflanzt werden. Zwiebelspitze nur 3 cm mit Erde bedecken. Im September treibt sie einen wintergrünen Blattschopf, der im Winter mit Reisig geschützt werden sollte.

L. hansonii, Goldtürkenbund ◑ – ☼ 2138 : Frische, nährstoffreiche, humose Lehmböden. Höhe 100 bis 120 cm; Blüte VI–VII, orangegelb. Harte und blühwillige Art, manchmal spätfrostgefährdet.

L. henryi, Chinesischer Türkenbund ○ 3238 : Mäßig frische, nährstoff- und kalkreiche, humose, auch schottrige Lehmböden. Höhe 140 bis 200 cm; Blüte Ende VII–VIII, orangefarben mit vielen braunen Sprenkeln. Robust und ausdauernd.

L. lancifolium (L. tigrinum), Tigerlilie ○ 3238 : Frische, nährstoffreiche, humose Lehmböden. Höhe 100 bis 180 cm; Blüte VIII–IX, orangezinnoberrot, bei var. fortunei lachsrot.

L. martagon, Türkenbund ◑ 2140/1360 : In krautreichen Laub- und Nadelwäldern und Hochstaudenfluren. Frische, nährstoff- und kalkreiche, humose, lockere Ton- und Lehmböden. Höhe 50–100 cm; Blüte VI–VII, hellweinrot bis schmutzigpurpurn. Sorten: 'Album', Blüte reinweiß. 'Albiflorum', Blüte weiß mit karminroten Punkten.

L. regale, Königslilie ○ 3238 : Frische, nährstoffreiche, humose Lehmböden. Höhe 80–120 cm; Blüte VI–VII, weiß, duftend. Da die schlanken Stengel kaum standfest genug sind, sollten wir sie aus niedrigen Sträuchern oder kräftigen Stauden heraus wachsen lassen.

Linum, Lein

3106   ∞ – ○

Sie lieben sommerwarme, mäßig trockene, kalkreiche und humose Böden.

L. austriacum und **L. perenne:** Beide ähneln sich sehr, so daß sie hier gemeinsam vorgestellt werden:

Linum narbonense, Stipa ucrainica – zwei Arten für die Steppenheide.

Höhe 30–60 cm; Blüte VI–VII, ersterer azurblau, letzterer wasserblau.

L. flavum, Gelber Lein: Höhe 30–50 cm; Blüte VI–VII, gelb.

L. narbonense: Höhe 30–50 cm; Blüte V–VIII, dunkelblau. Wertvolle Art. Gute Nachbarn: Wildrosen, Kiefern, Gräser, Steppenastern, Graslilien, Steppennelken, Junkerlilie.

Nepeta, Katzenminze

3150 ∞ – ○

Mäßig trockenen, humosen, lockeren Lehmboden. Gute Nachbarn: Rosen, Gräser, Goldruten, *Helenium hoopesii,* Mädchenauge, Hohe Nachtkerze, Schafgarben, Schleierkraut.

N. × **faassenii** (N. mussinii × N. nepetella): Der bis 30 cm hohe, graugrüne Blätterhorst schmückt sich von Mai bis September über und über mit lavendelblauen Blüten. Verblühtes abschneiden: das führt zu einer Nachblüte im Herbst. Bienenfutterpflanze! 'Six Hills Giant', Höhe 50 cm; Blüte lilablau. 'Superba', Höhe 20 cm; Blüte V–IX, dunkelblau. 'Blauknirps', Höhe 20 cm.

N. mussinii: Als ein Elternteil der vorigen Art dieser sehr ähnlich,

doch kürzer blühend. Blüte VI–VII, remontiert nach Rückschnitt im VIII, lavendelblau.

N. nervosa, Kaschmir-Katzenminze: Die 30–50 cm hohe gleichfalls graugrün belaubte Art ist noch sehr selten, aber sehr empfehlenswert. Ebenfalls ein Dauerblüher von VIII–IX in Hellblau.

Oenothera, Nachtkerze

∞ – ○

Nachtkerzen verlangen mäßig trokkene, warme, durchlässige, humose Böden zum guten Gedeihen.

O. missouriensis 4100/3160 : Ein 10–20 cm hohes Kissen aus hellgrünen Blättern mit großen gelben Blüten von V–IX. Als Nachbarn passen: *Salvia nemerosa,* Katzenminze.

O. tetragona, Bronzeblatt-Nachtkerze 3204 : Aufrecht (30–50 cm hoch) wächst diese Nachtkerzenart. Ihre bronzefarbenen Blätter färben sich im Herbst goldbraun. Die leuchtend goldgelben Blüten schmücken von VI–VIII. Auslesen: 'Hohes Licht', Höhe 60 cm; Blüte leuchtend reingelb. 'Sonnenwende', Höhe 60 cm; Blatt sehr dunkel; Blüte goldgelb; sehr wertvoll. Gute Nachbarn: Weiße Prachtscharte, Präriegräser, Astern, Salbei.

Pulsatilla, Küchenschelle

3164 ⚭ – ○

Sedum, Mauerpfeffer, Fetthenne

⚭

Trockenen, warmen, humosen, steinigen Sand- und Lehmböden besiedeln die Küchenschellen.
Gute Nachbarn: Kiefern, Gräser, Adonisröschen, Rosmarin-Seidelbast, Krokusse, Wildtulpen.

P. halleri ssp. halleri, ssp. slavica und **ssp. styriaca:** Wegen der nahen Verwandtschaft sehr ähnlich: Höhe 25–35 cm; Blatt stark gefiedert; Blüte III–IV, violett.

P. vulgaris: In Magerrasen und Kiefernwäldern. Höhe 20–30 cm; Blatt gefiedert; Blüte IV, dunkel- bis hellviolett, bei der Sorte 'Weißer Schwan' Blüte weiß; bei 'Röde Klokke' Blüte tiefrot.

Pulsatilla pratensis im Morgentau.

Niedrige Arten:
S. cauticolum, September-Fetthenne 3364 : Höhe 10–15 cm; Blatt blaugrau bereift; Blüte VIII–IX, karminrot. Hybriden der Art mit *S. telephium:* 'Robustum', Höhe 20 cm; Blüte IX–X, karminrot. 'Ruby Glow', Höhe 25 cm; Blatt rötlich blaugrau; Blüte VII–IX, rubinrot. 'Vera Jameson', Höhe 20 cm; Blatt silbergraublau; Blüte VII–IX, tiefrosa.

S. floriferum, Üppige China-Fetthenne 3362 : Höhe 20–25 cm; Blatt dunkelgrün; Blüte VI–VII, gelb. Wertvoller die Auslese 'Weihenstephaner Gold': Herbstfärbung purpurfarben; Blüte goldgelb.

S. hybridum, Immergrünes Mongolensedum 2132 : Höhe 10–20 cm; Blatt wintergrün, frischgrün; Blüte (V–)VI–VIII, gelb. Besonders wertvoll: 'Immergrünchen' (auch). Gute Bienenweide.

S. kamtschaticum, Kamtschatka-Fetthenne: Höhe 15–20 cm; Blatt dunkelgrün, glänzend; Blüte VIII–IX, orangegelb.
– var. *middendorfianum,* Braunes Amursedum 3364 : Höhe 20 cm; Blatt bronzegrün; Blüte VII–VIII, gelb. Die Sorte 'Diffusum' (Grünes Amursedum) wächst stärker und hat

grüne Blätter; Blüte (VI–)VII. Sa-
menstände noch im Winter zierend.

S. spurium, (Kaukasus-Fetthenne)
2132 : Höhe 10–15 cm; Blüte
VII–VIII, rosa.
Sorten: 'Album Superbum', guter,
sattgrüner Bodendecker, der nur
selten seine weißen Blüten zeigt.
'Erdblut', Blatt grünrot; Blüte dunkelrot.

Aufrechte Arten:
S. spectabile, Große Japan-Fett-
henne 3114 : Höhe 30–50 cm; Blatt
fleischig, graugrün; Blüte VIII–IX,
hellrosa. Bewährte Sorten: 'Bril-
liant', Höhe 40 cm; Blüte karminrosa. 'Carmen', Blüte dunkel karminrosa. 'Meteor', Blüte karminrot.
'Septemberglut', Höhe 50 cm; Blüte
dunkelrot. 'Rosenteller', Höhe
30 cm; Blüte dunkelrosa.

S. telephium ssp. **telephium,** Purpur-Fetthenne 3104 : In Gebüschsäumen, auf Steinwällen, in Wald-
schlägen und an Wegen. Höhe
30–45 cm; Blatt bläulichgrau; Blüte
VII–IX, purpurrot.
Sorten: 'Munstead Red', Höhe
40 cm; Blatt rotbraun; Blüte rötlich-
braun. 'Atropurpureum', Höhe
50 cm; Blatt und Stengel rötlich;
Blüte purpurrot. 'Herbstfreude'
(S. telephium × S. spectabile),
Höhe 60 cm; Blüte IX–X, rostrot.
3215 .

Thymus serpyllum 'Purpurteppich'

Thymus, Thymian, Quendel
3162 ∞

Thymian besiedelt magere und trokkene Böden.

T. doerfleri 'Bressingham Seedling',
Albanischer Quendel. Höhe 5 cm;
Blatt graubehaart; Blüte V–VI, rosa;
sehr robust und dauerhaft.

T. praecox, Frühblühender Quendel: In Trocken- und Steppenrasen.
Höhe 5–10 cm; Blüte VI–VIII, rosa.

T. serpyllum, Sandthymian
3162/2222 : In Sandrasen und lichten Kiefernwäldern, auf Dünen und
Sandboden bildet der Sandthymian
5–15 cm hohe blühende Teppiche.
Blüte V–VIII, lila. Farbsorten: 'Album', Blüte weiß. 'Coccineus', Blüte
karminrot. 'Coccineus-Major', Blüte
tiefrot. 'Carneus', Blüte rosa.

Trollius, Trollblume

○

Tulipa, Tulpe

○ – ○○

Auf frischen bis feuchten, nährstoffreichen, humosen Lehm- und Tonböden fühlt sich *Trollius* wohl.

T. chinensis, China-Trollblume: Höhe 50–90 cm; Blüte VII–VIII, orangegelb. In Kultur meist die Sorte 'Golden Queen': Blüte orangefarben; samenecht ⟨3204⟩.

T. europaeus, Europäische Trollblume: In Moorwiesen. Höhe 20–50 cm; Blüte V–VI, dottergelb. Auslese: 'Superbus', Höhe 60 cm; Blüte hell zitronengelb ⟨7124⟩.

T. pumilus, Kleine Trollblume ⟨4504⟩: Höhe 10–25 cm; Blüte VI–VII, goldgelb.

Eine uralte Gartenpflanze mit inzwischen hunderten von Sorten. Die bezaubernden Wildarten führen leider nach wie vor ein Schattendasein – unverdienterweise. Wildarten beginnen oft schon Ende Februar mit dem Blühen, und die späteste Art blüht in den Juni hinein. Einige sind zierliche Zwerge, kaum spannhoch, andere erreichen fast Kniehöhe. Die ersteren gehören auf augennahe Plätze im Steingarten, die zweiten passen sehr gut in die Steppenheide oder ähnliche Gartenpartien. Leider haben auch die Mäuse die Tulpen zum Fressen gern. Dauerhaft schützen nur selbstgebaute Drahtkörbchen für jede einzelne Zwiebel.

Trollius europaeus

Tulipa turkestanica mit Schneeheide.

Stauden von A–Z

T. batalinii 4420 : Höhe 10–15 cm; Blatt graugrün; Blüte IV–V, lichtockergelb. Aus Kreuzungen mit der nahe verwandten _T. linifolia_ entstanden: 'Bright Gem', Blüte schwefelgelb, orangefarben getönt. 'Bronze Charm', Blüte bronzefarben.

T. didieri 3130 : Höhe 30–40 cm; Blüte V, scharlachrot, innen mit schwarzem Grundfleck.

T. kolpakowskiana 4320/3130 : Höhe 10–20 cm; Blatt graugrün; Blüte IV, gelb, außen karminrot gestreift.

T. linifolia 4320 : Höhe 10–15 cm; Blatt graugrün mit rotem Saum; Blüte V, glänzend sattrot.

T. marjolettii 3130 : Höhe 40 bis 50 cm; Blüte V(–VI), hellgelb mit mal mehr, mal weniger roten Streifen. Langlebig.

T. pulchella 4420 : Höhe 7–15 cm; Blatt olivgrün; Blüte III, zuerst nickend, dann aufgerichtet, hellpurpurn, lila werdend mit weißgerandeter dunkler Basis. Ähnlich: _T. violacea_ und _T. humilis._

T. sprengeri 2134/2234 : Höhe 30–45 cm; Blatt glänzend grün; Blüte V–VI, blutrot, außen etwas heller. Mitunter Selbstaussaat.

T. sylvestris, Weinbergstulpe: Höhe 20–40 cm; Blatt graugrün; Blüte IV–V, gelb, duftend, zuerst nickend, später aufgerichtet. Meist wenig blühend und durch Ausläufer aus der Zwiebel wuchernd; deshalb besser die Sorte 'Täbriz' pflanzen.

T. turkestanica 3130 : Höhe 15–25 cm; Blatt graugrün; Blüte (III–)IV, weiß mit orangegelbem Grund, zu mehreren an einem Stiel.

Veronica, Ehrenpreis

V. armena, Mooseehrenpreis ∞ 4404 : Vollsonnige trockene, nährstoffarme, durchlässige, steinige Böden schätzt der Mooseehrenpreis. Höhe 5–10 cm; Blüte V–VI, enzianblau, besonders in der ersten Tageshälfte leuchtend. Auch für Tröge geeignet.

V. austriaca ssp. _teucrium_, Büschelveronika ○ – ◑ 3104/2134 : In Gebüschsäumen, Halbtrockenrasen und lichten Wäldern, auf mäßig trockenen, sommerwarmen, kalkreichen, humosen Lehm- und Lößböden. Höhe 40–90 cm; Blüte V–VII, himmelblau bis azurblau. Verschiedene Sorten im Handel.

V. gentianoides, Enzianehrenpreis ○ – ☀ 4404 : Auf Bergwiesen heimisch, verlangt der Enzianehrenpreis frische bis feuchte, nährstoff-

Veronica austriacum ssp. teucrium 'Knallblau'   Veronica gentianoides

reiche, humose Lehmböden. Höhe 10–50 cm; Blatt glänzend grün; Blüte V–VI, hellblau mit dunkelblauen Adern. Die Sorte 'Robusta' ist noch wüchsiger.

V. longifolia, Langblättriger Ehrenpreis ○ — ◑ 7114 : Als Bewohner von Sumpfstaudenfluren, Moorwiesen und Säumen von Auengebüsch gedeiht die Art auf feuchten (bis nassen), nährstoffreichen, humosen Tonböden. Höhe 50 bis 100 cm; Blüte VII–VIII, blau. Wertvoller sind: 'Blauriesin', Blüte leuchtend blau; starkwüchsig; 'Schneeriesin', Blüte weiß.

V. prostrata, Maiteppichveronika ∞ 3164 : Bildet in Trockenrasen flache Teppiche. Sommerwarme, trockene, kalkreiche, humose Stein-, Kies- oder Sandböden. Höhe 10 cm; Blüte V–VI, hellblau. Sorten:

'Alba', Blüte weiß. 'Mrs Holt', Blüte leuchtend rosa. 'Rosea', Blüte rosa. 'Royal Blue', Blüte dunkelblau. 'Silver Queen', Blüte silbrig blau.

V. spicata, Kleiner Kerzenehrenpreis ○ 3164 : In Trockenrasen, auf Dünen oder Felsköpfen sowie im Saum lichter Büsche. Trockene, nährstoffarme, humose Stein- oder Sandböden. Höhe 15–50 cm; Blüte VII–VIII, blau. Farbsorten im Handel erhältlich.
– ssp. *incana,* Silberlaub-Ehrenpreis: Wie die Art, doch Blatt silberweiß bis graufilzig.

V. surculosa, Rosa Teppichehrenpreis ∞ 4304 : Mäßig trockene, humose, steinige Lehmböden. Höhe 5–8 cm; Blatt dicht weißlichgrau behaart; Blüte V–VI, weißlich mit großem, dunkelrotem Auge; Pflanzen polsterbildend.

125

Achnatherum calamagrostis

Gräser

Achnatherum, Rauhgras
∞

A. calamagrostis, Föhngras 3105 :
In sonnigen Steinschutt-Fluren finden wir dieses wärmeliebende Gras
auf mäßig trockenen, kalkreichen,
lockeren Steinböden. Es wird mit
seinen blaugrünen Blättern, die eine
schöne Herbstfärbung aufweisen
60–100 cm hoch, die grünlich weißen Blüten erscheinen von Juni bis
September.

A. arundinacea var. bachytricha
3205 : Höhe 60–100 cm; Blatt
grün; Blüte VIII–X, rosa-grün.

A. pekinense: Höhe 50–160 cm;
wohl weniger wärmebedürftig als
A. calamagrostis.

Sesleria, Kopfgras
3164 ○

Kopfgräser gedeihen auf mäßig
trockenen, kalkreichen, humosen,
steinigen Böden.

S. argentea, Silberkopfgras: Höhe
40–60 cm; Blatt grün; Blüte V–VI,
silbrig.

S. autumnalis, Herbstkopfgras:
Höhe 30–40 cm; Blatt grün; Blüte
VIII–IX, bräunlich.

Register

Mit BLV Büchern blüht Ihr Garten auf

Wolfram Franke

Faszination Gartenteich

Reizvolle Gestaltungsideen für Gartenteiche; Teichanlage mit verschiedenen Materialien; Ökologische Zusammenhänge, Bepflanzungsbeispiele und Pflanzenpflege; Tiere im und am Gartenteich; spezielle Elemente wie z. B. kleine Bäche und Springbrunnen; Gartenteich-Probleme im Überblick.

183 Seiten, 189 Farbfotos, 8 farbige Zeichnungen, 16 Grafiken

Michael Lohmann

Das Naturgartenbuch

Die biologischen Grundlagen und die praktische Gestaltung von Naturgärten; Klima, Wetter, Biologie von Pflanzen und Tieren; Anleitungen für die Anlage von Obst- und Gemüsegarten, Hecken, Gehölze, Blumenwiesen, Steine, Felsen, Mauern u.v.m.

2. Auflage (Neuausgabe), 176 Seiten, 99 Farbfotos, 16 s/w Fotos, 39 Zeichnungen

BLV Garten- und Blumenpraxis 350

Bernd Dittrich

Duftpflanzen für Garten, Balkon und Terrasse

Duftpflanzenkatalog für Garten und Terrasse; Pflege, Ernte und Vermehrungsmethoden; Anlage eines Duftrasens; Aufbewahrung und Konservierung; Verwendung als Gewürz, Tee, Duftkissen und -strauß ect.

128 Seiten, 87 Farbfotos, 7 Zeichnungen

In unserem Verlagsprogramm finden Sie Bücher zu folgenden Sachgebieten: **Garten und Zimmerpflanzen · Natur · Haus- und Heimtiere · Angeln, Jagd, Waffen · Sport und Fitness · Pferde und Reiten · Wandern und Alpinismus · Auto und Motorrad · Essen und Trinken, Gesundheit · Basteln, Handarbeiten, Werken.**

Wünschen Sie Informationen, so schreiben Sie bitte an:
BLV Verlagsgesellschaft mbH, Postfach 40 03 20, 8000 München 40.

BLV Verlagsgesellschaft München